USS Cyclops –
Verschollen im Bermuda-Dreieck?
Rätselhafte Erzfrachter-Unglücke

Jens Bald

Rumeln Maritim
Maritime Literatur aus Hamburg St. Pauli

Verlag Rumeln Maritim
Jens Bald
Annenstraße 33
20359 Hamburg

Gesamtherstellung: Geli Maaß, Hamburg

Umschlagentwurf: Geli Maaß, Hamburg
unter Verwendung von:

Vorderseite: USS Cyclops © Library of Congress 136267 - A
Rückseite: Grumman Avanger Torpedobomber © National Air Force Museum

Vorsatz/Nachsatz:
USS Cyclops während des Baus © Library of Congress
US Naval Yard New York © Naval Historage and Heritage Command

Druck: Rautenberg Druck GmbH, Leer

1. Auflage 2025

ISBN: 978-3-00-082509-5

Inhalt

USS Proteus bei der Kohlenübergabe an USS Delaware © Naval History and Heritage Command – NH 44364

Vorwort

Ein Seegebiet im Westatlantik vor der amerikanischen Küste bekam seit den 1960er Jahren einen mysteriösen Ruf. Nach Meinung vieler Journalisten gehen dort auffällig viel Flugzeuge, aber auch Schiffe ohne erklärbaren Grund verloren. Im Februar 1964 veröffentlichte der amerikanische Autor Vincent Gaddis im Argosy Magazine einen Artikel mit der Überschrift „Das tödliche Bermudadreieck". Damit meinte er das von Florida, Puerto Rico und den Bermudas eingeschlossene Seegebiet. Der Begriff Bermudadreieck wurde ab Mitte der 1960er ein beliebtes Thema für die Medien. Es erschienen Zeitungsartikel und später auch ganze Bücher zu dem Thema. Auch im Radio und im Fernsehen wurde darüber berichtet. Nach diesen Berichten fanden dort seltsame Dinge statt, für die alle möglichen Erklärungen herangezogen wurden. Die Berichterstattung war teilweise sensationslüstern und sogar UFOs mussten als Erklärung herhalten. Besonders populär wurde das Bermudadreieck durch das 1975 erschienene Buch „Bermudadreieck – Fenster zum Kosmos" von Charles Berlitz. Berlitz hatte sich sein Leben lang mit ungeklärten Phänomenen und grenzwissenschaftlichen Themen beschäftigt. Sein Buch wurde ein Bestseller und wurde millionenfach verkauft. Zugleich war es aber von Anfang an umstritten und wurde von seinen Kritikern als höchst fragwürdig angesehen.

Einer seiner Kritiker war Lawrence Kusche, Mathematiker und Bibliothekar an der Universität von Arizona. Der begeisterte Hobbypilot und Fluglehrer wurde häufig um Mithilfe bei der Recherche zum Thema Bermudadreieck gebeten. Das Thema faszinierte ihn so sehr, dass er anfing das Phänomen ausführlich zu erforschen. Er brachte das Buch „Die Rätsel des Bermudadreiecks sind gelöst" 1975 heraus. Es wurde zum Standardwerk und führte zu einer Versachlichung der Vorgänge in diesem Seegebiet. Für das Buch hatte er Dokumente zurück bis zu den Fahrten von Christoph Columbus ausgewertet. Dabei fand er heraus, dass viele Schiffsunglücke, die dem Bermudadreieck zugeschrieben wurden, gar nicht in diesem Seegebiet stattgefunden hatten. Dieses Buch war für mich eine wichtige Quelle.

Mit dem heutigen Stand der Forschung können die meisten Verluste von Flugzeugen und Schiffen im Bermudadreieck erklärt werden. Für die meisten Verluste sind extreme Wetterlagen, Magnetismus und sehr seltene physikalische Phänomene verantwortlich. Hierzu gibt es zahlreiche Fernsehdokumentationen.

Ein Schiff, das besonders häufig mit dem Bermudadreieck in Verbindung gebracht wird und dessen Verlust bis heute nicht geklärt ist, ist die USS (United States Ship) CYCLOPS. Sie lief im März 1918 von Barbados aus, um eine kriegswichtige Ladung Manganerz nach Baltimore zu bringen. Seitdem ist das Schiff verschollen und mit ihm 309 Mann Besatzung und Passagiere. Es wurde kein S.O.S Ruf empfangen, keines der reichlich vorhandenen Rettungsboote oder Rettungswesten angetrieben.

Die Presse witterte Verrat und spekulierte über einen möglichen Angriff deutscher U-Boote auf das Schiff. So wurde das Verschwinden der CYCLOPS zu einem der größten Rätsel der Seefahrtgeschichte und trug gleichzeitig zum Mythos des Bermudadreiecks bei.

Verrutschte die Ladung im Sturm und brachte das die CYCLOPS zum Kentern? Welche Rolle spielt bei dem Verschwinden des Schiffes ein Schaden an einer der beiden Hauptmaschinen? Hat die Besatzung gemeutert und sich gegen die Brutalität des Kapitäns aufgelehnt? Ist das Schiff im Wellengang auseinandergebrochen?

Der Untersuchungsausschuss tagte allerdings hinter verschlossenen Türen, keine Informationen drangen an die Presse. Bis vor wenigen Jahren unterlagen die Dokumente der Geheimhaltung und niemand interessierte sich dafür. Daher ist auch einiges im Papierkorb gelandet. Dennoch sind im Archiv der US-Navy mehrere Ordner mit über 1.000 Seiten erhalten. Diese haben die Schriftsteller Gian J. Quasar und Marvin W. Barrash gesichtet und in ihren Büchern veröffentlicht. Diese Veröffentlichungen sind die Hauptquellen für dieses Buch.

Um das Rätsel der CYCLOPS verstehen zu können, ist es notwendig, den geschichtlichen und weltpolitischen Hintergrund ihrer letzten Fahrt zu kennen. Deshalb gehe ich erst auf die globalen Ambitionen von Deutschland und den USA, sowie die Vorgeschichte des Ersten Weltkrieges ein. Der Eintritt der USA in den Ersten Weltkrieg ist von besonderer Wichtigkeit, da die CYCLOPS, die gebaut worden war um Kohle und Öl zu transportierten, als letzte Ladung Manganerz für die US-amerikanische Rüstungsindustrie transportierte. Die Vorgeschichte des Eintritts der USA in den Ersten Weltkrieg ist unmittelbar mit dem Untergang der LUSITANIA verbunden. Da dieser weitreichende politische Auswirkungen hatte, wird er hier ausführlich geschildert.

Eine wichtige Frage bei der Untersuchung des Verschwindens der CYCLOPS war das Verhalten ihres kauzigen Kapitäns George W. Worley, der sich als brutaler Alkoholiker entpuppte. Das er in Deutschland geboren war und auf den Sieg des deutschen Kaiserreichs hoffte, fiel der US-Navy im Nachhinein unangenehm auf. Plante er, das Schiff mit anderen deutschstämmigen Besatzungsmitgliedern nach Deutschland zu entführen, wo das Manganerz dringend für die Rüstungsindustrie gebraucht wurde? Daher habe ich sein abenteuerliches Leben und seine Beziehungen zu seiner Mannschaft und seiner Familie in einem eigenen Kapitel erläutert.

Seitdem die CYCLOPS verschollen war, wurden viele Thesen aufgestellt, um den Verlust des Schiffes zu erklären. Die wichtigsten Erklärungsversuche habe ich ausführlich beschrieben. Um das Ende der CYCLOPS erklären zu können, ist eine Möglichkeit zu untersuchen, ob das Schicksal vergleichbarer Schiffe Hinweise liefert. Deshalb betrachte ich auch die Geschichte der anderen Kohlentransportschiffe der US-Navy. Darüber hinaus werden die Untergänge der beiden Erzfrachter MELANIE SCHULTE und EDMUND FITZGERALD ausführlich beleuchtet.

Als Jugendlicher hatte ich die Bücher „Verschollen auf See“ von Alan Viliers und „Auf letzter Fahrt“ von John Harris begeistert gelesen. Seitdem faszinieren mich Schiffsunglücke und das Zusammenspiel von Technik und Mensch. In extremen Situationen beweist der Mensch sein wahres Ich. Untersuchungen von Schiffsunglücken zeigen die unterschiedlichsten Verhaltensweisen von Menschen – von extremer Verbohrtheit oder einfacher Dummheit bis hin zu vorbildlichem Verhalten. Ein solches vorbildliches Verhalten hatte zum Beispiel 1951 Kapitän John Crawford bewiesen, als er mit seinem Küstenfrachter TEESWOOD während eines schweren Sturmes auf einer Sandbank vor der Insel Borkum fest kam. Als sein Schiff durchbrach, gab es für die Besatzung nur eine Möglichkeit zur Rettung: Sie mussten unter Lebensgefahr auf das Rettungsboot BORKUM springen, das in halsbrecherischen Anläufen immer wieder an den Bug der TEESWOOD heranfuhr. Als niemand wagte zu springen, sprang Kapitän Crawford als Erster. Dadurch trauen sich die anderen Schiffbrüchigen – bis auf zwei – zu springen und überlebten.

Das Gegenteil von John Crawford ist wohl Fransesco Schettino, Kapitän der COSTA CONCORDIA. Das Kreuzfahrtschiff war 2012 mit einem Felsen vor der italienischen Insel Giglio kollidiert, nachdem es zu dicht an der Insel vorbei fuhr. Schettino wurde später verurteilt, weil er das Schiff zu früh verlassen hatte und den Unfall durch ein fahrlässiges Manöver herbeigeführt hatte.

Zu den vielfältigen menschlichen Fehlverhalten, die zu Schiffsuntergängen führen, kommen unzählige technische Ursachen. Meist ist es eine komplexe Kombination technischer und menschlicher Ursachen, die zum Verlust eines Schiffes führen.

Mein Studium der Schiffstechnik hat mir geholfen, diese technischen Ursachen besser zu verstehen. Eine kurze Seefahrtzeit auf einem Containerschiff gab mir die Möglichkeit, den Schiffsbetrieb und das Leben an Bord kennenzulernen.

In meinem 2011 erstmals erschienen Buch „Havarien, Hoffnungen, Helfer – Schiffsunglücke in der Emsmündung und vor Borkum“ habe ich meine Studien zu Schiffsunglücken vor Borkum veröffentlicht.

Mit diesen Voraussetzungen habe ich in den fast ausschließlich amerikanischen Quellen zur CYCLOPS und zum Bermudadreieck recherchiert.

Nachdem bisher ausschließlich amerikanische Bücher dieses Thema behandelten, ist dies das erste auf Deutsch erschienene Buch, dass sich ausführlich mit dem Schicksal der CYCLOPS befasst.

Bermudadreieck

Unzählige Presseartikel handeln von Flugzeugen und Schiffen, die im Bermudadreieck verschollen sein sollen. Dabei beziehen sich viele Artikel auf immer dieselben Flugzeuge oder Schiffe. Nachfolgend sind hier Unfälle, die immer wieder mit dem Bermudadreieck in Verbindung gebracht werden, aufgeführt. Nach den Fakten kann sich jeder Leser selbst ein Bild davon machen, wie rätselhaft die Vorgänge sind.

Verschollene Flugzeuge

Die Legende des Bermudadreiecks begann am 5. Dezember 1945 als fünf Grumman Avanger Torpedobomber der US-Navy (Flug 19), die in einer Formation flogen, bei schönstem Wetter verschwanden. In einem letzten Funkspruch teilten sie mit, dass sie nicht mehr wüssten, in welche Richtung sie flögen. Die gesamte Crew bestand aus 13 Flugschülern, die sich in dem Fluggebiet nicht auskannten, und ihrem erfahrenen Fluglehrer Taylor. Taylor ging fataler weise davon aus, dass seine beiden Kompasse defekt waren und gab daher Anweisungen, die wahrscheinlich falsch waren. Erschwerend kam hinzu, dass das Wetter sich zunehmend verschlechterte. Auf der Suche nach den Torpedobombern verschwand am

Grumman Avanger Torpedobomber © National Air Force Museum

selben Abend ein Martin-Mariner-Flugboot mit 13 Mann an Bord. Das Flugboot könnte in der Luft explodiert sein, denn die Besatzung des Tanker GAINES MILLS hatte an diesem Abend ein Flugzeug gesehen, das gebrannt hatte und beim Aufschlag auf das Wasser explodiert war. Wrackteile konnten wegen des hohen Seegangs nicht geborgen werden. Auf dem Flugzeugträger USS SOLOMONS wurde auf dem Radarbildschirm ein Flugzeug entdeckt, dass später verschwand. Das Flugzeug verschwand dort, wo von der GAINES MILLS aus die Explosion beobachtet wurde.

Am Ende langwieriger Ermittlungen zu Flug 19 musste die Marine eingestehen, dass in der Untersuchung mehr Fragen aufgekommen sind, als geklärt werden konnten. Zuerst machte die Marine Taylor dafür verantwortlich, dass er die Orientierung verloren hatte. Seine Frau ging gegen diese Behauptung erfolgreich vor und die Marine erklärte später, dass sie keine Erklärung dafür hatte, was geschehen war.

Je länger das Unglück vergangen war, desto stärker wurde es zum Mythos stilisiert. Das Wetter soll auf einmal schön und die Flugschüler erfahrene Piloten gewesen sein. Es wurden magnetische Störungen hinzugedichtet, die es nie gab.

1947 stürzte ein amerikanischer Superfortress-Bomber in 100 Meilen Entfernung von Bermuda ab. Ursache für den Absturz waren wahrscheinlich heftige Aufwinde am Rand von Gewitterwolken. An dieser Stelle können auf oder Abwinde mit einer Geschwindigkeit von 200 Meilen pro Stunde entstehen. Daher haben Piloten großen Respekt vor Gewittern.

Bewährte Passagierflugzeuge verschwinden spurlos

Im Januar 1948 verschwand eine Tudor IV Verkehrsmaschine (Star Tiger) der British South American Airways auf dem Weg von den Azoren nach Kindley Field, Bermuda. Das Flugzeug war ursprünglich in London gestartet und auf dem Weg über Lissabon und Santa Maria (Azoren) nach Bermuda. An Bord waren insgesamt 29 Personen. Da die Wettervorhersagen auf dem Atlantik sehr ungenau ist, kann es leicht vorkommen, dass die Winde stärker sind als angesagt und daher auf dem Flug auch mehr Treibstoff verbraucht wird. Deshalb ließ der Kapitän die Maschine auf den Azoren voll tanken. Die Star Tiger startete am 29. Januar in Santa Maria und funkte bis 3.00 Uhr morgens regelmäßig ihre Position. Sie gab ihre Ankunftszeit mit 5.00 Uhr morgens an. Um 3.15 Uhr bat der Funker den Fluglotsen um eine Funkpeilung. Diese erhielt er und bestätigte sie. Seitdem wurde von dem Flugzeug nichts mehr gehört und gesehen. Das Wetter war normal und es gab keine atmosphärischen Störungen.

Das britische Luftfahrtministerium untersuchte den Vorfall. Dabei fand es heraus, dass an der Maschine bestimmte Defekte regelmäßig auftraten und auch nicht behoben wurden. Dies könnte zum Teil eine Folge der schlechten Ersatzteilversorgung auf der Route sein.

Der Fluglotse sollte eigentlich alle 30 Minuten Kontakt mit einem Flugzeug haben. Bei der Star Tiger hatte er einmal 50 Minuten keinen Kontakt zu dem Flugzeug gehabt. Auch erklärte er erst 45 Minuten nach dem letzten Funkspruch den Notstand. Es wurde eine groß angelegte Suchaktion eingeleitet, an der auch eine Fortress Maschine mit Radarausrüstung beteiligt war. Bis zum Abend des 3. Februar wurden über 100 Flüge absolviert. Aber gefunden wurde nichts.

Die Star Tiger schien kein S.O.S. gefunkt zu haben, da es ansonsten eine der vielen Funkstationen in dem Gebiet gehört haben müsste. Der Grund hierfür könnte sein, dass das Flugzeug so schnell in Schwierigkeiten geriet, dass keine Zeit mehr war, um einen Hilferuf abzusetzen. Es könnte aber auch sein, dass der Sender nicht funktionierte. Eine weitere Möglichkeit ist, dass der Pilot Bermuda nicht gefunden hat, obwohl er eine Peilung hatte und so lange geflogen ist, bis der Treibstoff ausging. Ein Feuer ist auch nicht ganz auszuschließen, wobei der Pilot dabei aber genug Zeit hätte haben können, dies zu melden. Es kann auch sein, dass die Star Tiger in einem Sinkflug zu niedrig geflogen war und bevor dies korrigiert werden konnte, in das Meer stürzte.

Der Untersuchungsausschuss kam zu keinem festen Ergebnis, sondern stellte nur die oben genannten Möglichkeiten zur Diskussion. Dabei ist zu bedenken, dass der Treibstoff immer weniger, die Winde stärker und die See immer rauer wurden. Die Chancen einer Notwasserung im Dunkeln sind äußerst gering. Die Hoffnung, Wrackteile zu finden, ist zwar immer da, sie werden aber vor allem bei aufgewühlter See selten gefunden.

Das Verschwinden einer DC 3 zum Jahresende 1948 wird häufig als Rätsel des Bermudadreiecks dargestellt. Das Flugzeug startete am 27. Dezember 1948 in San Juan auf Puerto Rico mit dem Ziel Miami. Am nächsten Morgen um 4.13 Uhr erhielt das Kontrollzentrum in Miami eine Positionsmeldung von der Maschine. Nach dieser befand sie sich 50 Seemeilen südlich von Miami. Seitdem wurde von dem Flugzeug nichts mehr gehört. Erst um 8.30 Uhr wurde es als vermisst gemeldet und eine Suchaktion gestartet. Es ist nie wieder etwas von der DC 3 und den 31 Menschen an Bord gehört oder gesehen worden.

Avro Tudor IV Star Tiger © RuthAS CC BY-SA 3.0

Der Untersuchungsausschuss fand heraus, dass es schon auf dem Hinflug von Miami nach San Juan Probleme mit dem Landetriebwerk gab. Bei der Drosselung des Triebwerkes zeigte eine Alarmleuchte an, dass es nicht geschlossen war. Zudem wurde beim Überprüfen der Batterien festgestellt, dass diese nicht aufgeladen waren und zu wenig Wasser hatten. Der Pilot wies den Elektriker an, nur das Wasser aufzufüllen. Die Batterien wollte der Pilot aufladen, indem er im Flug einen Generator laufen ließ, der die Batterien aufladen sollte. Dabei sollte das Flugzeug in der Nähe von San Juan bleiben, bis die Batterien aufgeladen waren. Dieses Vorgehen war mit dem Chef der puerto ricanischen Verkehrsbehörde abgesprochen. Er war zufällig vor Ort und selbst zu dem Flugzeug gegangen, da der Tower mit der Maschine keinen Funkkontakt aufnehmen konnte. Der Grund hierfür war, dass der Funksender aufgrund der leeren Batterien nicht funktionierte.

Auch nach dem Start gegen 22.00 Uhr gelang es dem Flugzeug nicht, Kontakt mit dem Tower aufzunehmen. Dies gelang aber mit einer anderen Funkstelle und die Maschine setzte den Flug nach Miami fort. Im über 1.000 Kilometer entfernten New Orleans wurde eine Positionsmeldung des Flugzeuges empfangen, nach der es sich 50 Meilen südlich von Miami befinden sollte. In Miami selbst wurde die Positionsmeldung nicht empfangen. Danach wurde von der DC 3 nichts mehr gehört. Eine Suche nach dem Flugzeug blieb erfolglos.

Eine Analyse des Unfalls ist schwer, da keine Wrackteile gefunden wurden. Vielleicht gab es nach dem letzten Funkspruch einen Ausfall der Elektrik, sodass weder gefunkt noch sicher navigiert werden konnte. Vielleicht hat sich der Pilot verflogen und das Flugzeug flog an der Südspitze Floridas vorbei, bis der Treibstoff ausging und die Maschine in den Golf von Mexiko stürzte. Dafür sprach, dass die Windrichtung sich während des Fluges von Nordwest nach Nordost drehte. Darüber wurde der Pilot zwar über Funk informiert, es ist aber nicht sicher, dass er diesen Funkspruch empfangen hat, da er nicht bestätigt wurde.

Ein weiteres Tudor IV Flugzeug der British South American Aircraft Corporation, die Star Ariel, verschwand im Januar 1949 mit 7 Mann Besatzung und 13 Passagieren während des Fluges von Bermuda nach Jamaica. Eine Stunde nach dem Start funkte der Pilot McPhee seine geschätzte Ankunftszeit in Kingston (Jamaica). Er gab auch durch, dass das Wetter gut war.

Obwohl eine Tudor IV ein bewährtes Flugzeug und die Besatzung erfahren war, verschwand die Star Ariel. Der Untersuchungsausschuss hatte es wie bei der Star Tiger nicht einfach. Er hielt bei der zuverlässigen Maschine einen technischen Defekt für äußerst unwahrscheinlich. Ein Problem bei dem Flug war, dass die Star Ariel sich von der Luftverkehrssicherung Bermuda abgemeldet hatte und mit der Luftverkehrssicherung in Kingston Kontakt aufnehmen wollte. Aber die Luftverkehrssicherung in Kingston hatte nichts von der Maschine gehört. Die Kollegen auf Bermuda glaubten aber, die Star Ariel stünde mit Kingston in Kontakt. Als sich jedoch die Luftsicherung von Kingston bei ihren Kollegen auf Bermuda nach der Maschine erkundigte, stellte sich heraus, dass sie vermisst wurde. Eine Suche wurde direkt eingeleitet, es wurde aber wie bei der Star Tiger nichts gefunden. Daher lässt sich das Schicksal des Flugzeuges und der 20 Personen an Bord nicht aufklären.

Obwohl die Tudor IV ein zuverlässiges Flugzeug war und dieser Typ sich bei der Berliner Luftbrücke bewährt hatte, wurde nach diesem Unglück keine Tudor IV mehr als Passagiermaschine eingesetzt.

1971 verschwand ein Militärflugzeug im Bermudadreieck: Am 10. September startete ein Sting 27 Phantom II Kampfjet von der südlich von Miami gelegenen Air Base Homestad zu einem Routineflug. Eine viertel Stunde nach dem Start verschwand die Maschine vom Radarschirm. Es wurde kein Wrack gefunden.

Viele Privatflugzeuge verschwinden

Besonders rätselhaft ist der Verlust eines Beechcraft Bonanza 58 Kleinflugzeuges 1980. Das Flugzeug war am 11. Februar auf der Jungferninsel St. Thomas gestartet und auf dem Weg nach Miami. Der Pilot war der Flugschüler Peter Jensen. Nach 4 ½ Flugstunden meldete er um 8.38 Uhr, dass beide Motoren ausgefallen seien und er kurz davor war, 6 ½ Meilen von Miami entfernt abzustürzen. Merkwürdigerweise wurde der Funkspruch nicht in Miami empfangen, sondern von einem Flugzeug, das sich 1.000 Meilen entfernt in der Nähe der Bermudas befand. Um 8.53 Uhr funkte Jensen Mayday und gab an, in 50 m Flughöhe in merkwürdigen Wolken und vollkommen orientierungslos zu sein (Miami hatte an diesem Tag gutes Wetter). Auch dieser Funkspruch wurde in Miami nicht empfangen, aber von zwei Flugzeugen, die in der Nähe von Bermuda waren.

Um 20.05 Uhr empfing der Tower von Caicas Island (ungefähr 500 Meilen von Miami entfernt, nördlich von Hispaniola gelegen) einen Funkspruch von der verschollenen Beechcraft Bonanza. Der Pilot meldete, in 10 Minuten in der Nähe des Flugplatzes zu sein und bat um Landeerlaubnis. Das war das letzte, was man von Jensen gehört hat. Es kann nicht sein, dass er um 20.00 Uhr noch geflogen war. Das Flugzeug hatte nicht genug Treibstoff an Bord, um so lange fliegen zu können. Eine Zwischenlandung, zum Auftanken war nirgendwo angemeldet worden.

Suchaktionen vor Miami und vor Caicos Island fanden keine Hinweise auf den Verbleib des Flugzeuges. Die Verzerrungen von Zeit und Raum im Funkverkehr waren ähnlich wie bei Flug 19. Unfallermittler schlossen zwar aus, dass Jensen sich absetzen oder das Leben nehmen wollte. Eine Unfallursache konnte nicht ermittelt werden.

Am 28. Juni 1980, einem klaren Sommerabend, flog José Maldonada Torres mit seinem Freund José Pagan in einer Ercoupe 4-15 D (NH3808H) von Santo Domingo nach Puerto Rico. Um 20.03 Uhr funkte der Pilot: *„Mayday, Mayday, auf unserem Kurs ist ein merkwürdiges Objekt, wir sind verloren, Mayday, Mayday, (25 Sekunden Unterbrechung) Mayday, Mayday, wir sind verloren. Wir haben ein merkwürdiges Objekt auf unserem Kurs.“*

Iberia Flug 976 flog nördlich von Puerto Rico und nahm Funkkontakt mit der Ercoupe 4-15 D auf. Torres berichtete, dass er wegen eines merkwürdigen Objekts bereits dreimal den Kurs ändern musste. Seine Flughöhe betrug knapp 5.000 Meter und sein aktueller Kurs war 70°. Das VOR-Drehfunkfeuernavigationssystem der Ercoupe war ausgefallen. VOR steht für VHF omnidirectal range (UKW mit ungerichteter Ausstrahlung).

Um 20.05 Uhr meldete sich Torres zum letzten Mal: *„Wir sind ungefähr 35 Meilen vor der Küste von Puerto Rico, aber wir haben etwas Verrücktes vor uns, das uns dauernd zwingt, unseren Kurs zu wechseln. Unser aktueller Kurs ist jetzt 300°"*.

Um 20.07 Uhr verschwand NH3808 vom Radarschirm der Flugüberwachung. Eine Suche an der letzten Radarposition der Ercoupe wurde sofort eingeleitet. An dieser beteiligte sich auch Pagans Vater, ein Leutnant der puerto ricanischen Luftaufsicht. Ihm gehörte das Flugzeug. Er suchte lange nach seinem Sohn, musste aber schließlich aufgeben, ohne etwas gefunden zu haben, noch nicht einmal ein Signal der ELT-Notfunkbake (ELT=Emergency Locator Transmitter) von NH3808 wurde empfangen.

Seit Ende der 1970er Jahren häuften sich die Verluste von kleinen Privatflugzeugen. Diese verschwanden oft plötzlich und unerwartet, ohne dass der Pilot vorher ein Problem gemeldet hatte. Einige davon in Sichtweite der Küste. In den meisten Fällen wurde kein Signal einer Notfunkbake geortet, da die diese komplett zerstört war. Wrackteile wurden nur sehr selten gefunden. Hierfür gibt es aber die unterschiedlichsten Gründe und die Unfälle stehen in keinem direkten Zusammenhang. Allgemein gehen im Bermudadreieck so viele Privatflugzeuge verschollen, da es auf Grund der unzähligen Inseln auch sehr viele Flugbewegungen gibt. Nicht jeder Pilot ist erfahren genug, um mit den anspruchsvollen Flug- und Wetterbedingungen in diesem Gebiet klar zu kommen. Auch ist nicht jedes Privatflugzeug in einem guten technischen Zustand. Sie unterliegen nicht so strengen behördlichen Auflagen wie Verkehrsflugzeuge.

Der Autor Gian J. Quasar – aus dessen Buch „Into the Bermuda Triangle" ich hier einige Fälle zusammengefasst habe, hat auf seiner Internetseite (www.thequesterfiles.com) eine Vielzahl dieser Fälle von verschwundenen Privatflugzeugen aufgelistet.

Keiner erlangte aber so große Popularität wie das Verschwinden von Flug 19 oder der Star Tiger.

Verschollene Schiffe

Wie viele Schiffe im Bermudadreieck verschwunden waren, bevor es moderne Navigations- und Kommunikationsmittel gab, ist nicht bekannt. Erst nachdem 1945 die Avenger Flugzeuge verschollen waren, wurden Flugzeug- und Schiffsunglücke in diesem Seegebiet genauer untersucht. Daher wurden Schiffe wie die CYCLOPS erst Jahrzehnte nach ihrem Verschwinden dem Bermudadreieck zugeschrieben.

Hohe Verluste der Spanischen Armada

Aufzeichnungen über das Verschwinden von Schiffen in diesem Seegebiet reichen bis ins 16. Jahrhundert zurück. Zahlreiche Schiffe der spanischen Armada gingen in der Karibik verloren. So verließ die Karavelle EL DORADO zusammen mit anderen 31 Schiffen im Juli 1502 Santo Domingo auf Hispaniola. Anscheinend war die Gier der spanischen Krone zu groß, denn sie war schwer – vielleicht zu schwer – mit Gold und anderen Schätzen beladen. Sie sank wahrscheinlich zusammen mit vielen ihrer Begleitschiffe während eines Hurrikans in der Mona Passage in der Nähe von Puerto Rico. Nur fünf überstanden das Unwetter. Es wurden zwar zehn Wracks gefunden, darunter war aber nicht die EL DORADO. Sie soll einen anderthalb Tonnen schweren goldenen Tisch geladen haben. Das unter diesen Umständen viele Schiffe verloren gingen ist nichts Rätselhaftes.

Viele jüngere Aufzeichnungen stammen von der US-Navy. So verschwand die GENERAL GATES – ein Kriegsschiff der US-Navy – 1780 unter mysteriösen Umständen. Es könnte theoretisch von einem britischen Kriegsschiff versenkt worden sein, aber keines gab die Versenkung der GENERAL GATES bekannt. Aber auch noch lange nach Ende des Amerikanischen Unabhängigkeitskrieges wird in Marinejournalen immer wieder von verschollenen Schiffen berichtet. Kurioserweise sind die meisten davon Kriegsschiffe, obwohl diese besonders robust gebaut, schwer bewaffnet und deren Besatzungen gut ausgebildet sind. Die USS PICKERING verschwand auf einer Reise nach Westindien um den 20. August 1800.

Die USS WASP kehrte von einer Fahrt in die Karibik nicht mehr zurück. Sie wurde zuletzt gesehen, als sie die britische Brigg ATLANTA kaperte und eine Prisenbesatzung an Bord zurück ließ, die das Schiff in einen Hafen bringen sollte.

Zollkutter USS Pickering © Naval History and Heritage Command – NH 85146

Die andauernden Spannungen zwischen den USA und Großbritannien (Großbritannien brachte immer wieder US-amerikanische Handelsschiffe auf und rekrutierte deren Besatzung für die Royal Navy) führten dazu, dass die USA 1812 Großbritannien den Krieg erklärte.

Die USS Epervier befand sich 1815 mit Diplomaten und Vorschlägen für Frieden auf dem Weg zurück in die USA. Nachdem das Schiff am 15. Juli die Straße von Gibraltar durchquerte, gab es nie wieder eine Nachricht von dem Schiff. Vielleicht ist es in einen Hurrikan geraten, der am 9. August über dem Atlantik tobte. Ob die Epervier im Bereich des Bermudadreiecks verschwand, lässt sich nicht mehr feststellen. Die Friedensverhandlungen hatten sich dadurch verzögert.

Das erste Handelsschiff, das im Bermudadreieck für Aufsehen sorgte, war die französische Rosalie. Zwar war diesmal das Schiff nicht verschollen, aber dafür die gesamte Besatzung.

Im August 1840 war das Schiff auf dem Weg von Hamburg nach New Orleans, als es bei den Bahamas verlassen aufgefunden wurde. Es war in gutem Zustand und wurde nach Havanna gebracht. Ein Reporter der *London Times* berichtet erstaunt:

„Ein großes französisches Schiff, auf dem Weg von Hamburg nach Havanna wurde von einem unserer kleinen Küstenseglern vollkommen verlassen angetroffen. Der große Teil der Segel war gesetzt und es konnte überhaupt keine Beschädigung festgestellt werden. Die Ladung, bestehend aus Wein, Früchte, usw. war von beträchtlichem Wert und in sehr gutem Zustand. Die Schiffspapiere waren alle vorhanden und gut aufbewahrt .... Die einzigen Lebewesen an Bord waren eine Katze, einige Hühner und einige verschiedene Kanarienvögel, die fast verhungert waren. Die Kabinen der Offiziere und Passagiere waren sehr elegant möbliert und alles deutete darauf hin, dass sie erst kürzlich verlassen wurden. In einer wurden Körperpflegeartikel für Frauen und hastig hingeworfene Damenwäsche gefunden, aber kein Mensch war an Bord. Das Schiff schien innerhalb weniger Stunden verlassen worden zu sein, es hatte Ballen diverser Güter an Bord, die an verschiedene Händler in Havanna adressiert waren. Sie ist sehr groß, vor nicht langer Zeit gebaut worden und heißt ROSALIE. Von ihrer Besatzung ist nichts gehört worden.“

Der Reporter hatte versehentlich als Zielhafen Havanna statt New Orleans angegeben. Die ROSALIE war 1838 erbaut worden und hatte ein Leergewicht von 230 Tonnen. Der Fall erinnert an die 1872 verlassen aufgefundene Brigantine MARY CELESTE. Laut Kusche soll es sich bei diesem angeblichen Rätsel um das Schiff ROSSINI handeln. Dieses ist im September 1840 auf die Muaren-Untiefe im Bahamakanal aufgelaufen. Die Besatzung konnte sich in Sicherheit bringen, das Schiff kam jedoch wieder frei, bis es am 17. Oktober verlassen gefunden wurde. Dies meldete die britische Lloyds List. Der unterschiedliche Name kam wahrscheinlich zustande, weil damals von Hand geschrieben und auch von Hand kopiert wurde. Daher ist die Fehlerquote in alten Meldungen sehr hoch.

Das britische Schulschiff HMS ATLANTA verschwand nach dem 31. Januar 1880 spurlos, nachdem es die Royal Naval Dockyard in Bermuda verlassen hatte. An Bord waren 290 Kadetten. Sie war auf der Reise nach Falmouth in England. Es wird angenommen, dass sie in einem heftigen Sturm, der einige Wochen nach ihrem Auslaufen die Route gekreuzt hat, gesunken war.

Das Verschwinden des Schiffes hat weltweit für Aufsehen gesorgt. Von besorgten Angehörigen der Besatzung gingen über 150 Telegramme bei der Royal Navy ein. Ein Seemann, der früher auf dem Schiff fuhr, gab an, das es oft überladen und topplastig war. Es soll bis 32 Grad zur Seite gekrängt haben. Ihr Kapitän soll einmal geäußert haben, dass er fast mit dem Schiff gekentert wäre.

Es wurde darüber diskutiert, ob die Besatzung zu unerfahren war und ob den Kadetten ausreichend erfahrene Ausbilder zur Seite standen. Die Kadetten wurden wahrscheinlich schnell seekrank und waren im Sturm nicht wirklich eine Hilfe. Diese Meinung vertrat die *Times* in einem Artikel. Am 14. September 1880 fand die deutsche Brigg W. von Freeden vor der französischen Küste ein Wrack, das vielleicht die Atlanta gewesen sein kann. Sollte es die Atlanta sein, wäre sie nicht im Bermudadreiecks verloren gegangen.

Der kanadische Wrackforscher Hugh Brown hat etliche Schiffe archiviert, die im Bermudadreieck verloren gegangen sein können. So zum Beispiel die kanadische Brigantine Arbutus, die nach dem 1. Januar 1899 auf einer Reise zwischen Jamaika und New York verloren ging. Er zählt weitere 16 Schiffe auf, die zwischen 1896 und 1922 verschwunden waren und deren Route in das Bermudadreieck führte. Ob sie dort untergegangen oder schon vorher lässt sich nicht mehr nachvollziehen.

Trotz Funktelegraphie verschwinden noch immer Schiffe

Die Einführung der Funktelegraphie führte dazu, dass Schiffe einen Notruf abgegeben konnten. Als Folge des Untergangs der Titanic 1912 wurde es Pflicht, dass wenn eine Funkanlage vorhanden war, diese auch rund um die Uhr besetzte sein musste.

Dennoch gibt es zahlreiche Schiffe – wie die Cyclops – die zwar mit Funk ausgestattet, aber dennoch ohne einen Notruf verschollen waren. Sie war das erste mit einer Funkanlage ausgerüstete Schiff, das verschollen ging.

Ende November 1925 verließ der Frachter Cotopaxi Charlston in South Carolina mit einer Ladung Kohle, die für Havanna bestimmt war. Mehr Fakten wurden meistens nicht genannt, dennoch wurde das Verschwinden des Schiffes zu den Rätseln des Bermudadreiecks gezählt, obwohl der Verbleib des Schiffes alles andere als rätselhaft ist. Einen Tag nach dem Auslaufen meldete es Schlagseite, die durch Wasser im Laderaum verursacht wurde. Einen Notruf sendete die Cotopaxi jedoch nicht. Zu dem Zeitpunkt des Unglückes herrschte auf der Route von Charleston nach Havannah ein schwerer Sturm und ein Schiff geriet in Seenot. Die Cotopaxi wurde per Funk nicht mehr erreicht. Auch eine Suche blieb erfolglos. Erst 95 Jahre später – 2020 – konnte ein Wrack, das in den 1980er Jahren entdeckt wurde, als Cotopaxi identifiziert werden.

Das 56 m lange Küstenmotorschiff Sandra verließ am 5. April 1950 Savannah, Georgia, um 340 Tonnen des Insektenbekämpfungsmittels DDT nach Puerto Cabello in Venezuela zu bringen. Sie meldete sich zuletzt an der Küste Floridas, seitdem ist sie verschollen. Wahrscheinlich ist sie einem Gewittersturm zum Opfer gefallen. Ob das Schiff innerhalb des Bermudadreiecks verloren ging, ist unklar.

Im Dezember 1954 ging die Southern Districts auf der Fahrt von Port Sulphur, Louisiana, nach Bucksport (Maine) verloren. Das ehemalige LST-Landungsschiff war zum Frachter für den Transport von Schwefel umgebaut worden. Ein solcher Umbau ist kompliziert, da Landungsschiffe ausschließlich dafür konstruiert wurden, Truppen, Panzer und andere Fahrzeuge an Land zu bringen. Für den Transport von Massengut müssen aber andere Anforderungen erfüllt werden.

In den Medien wurde oft die Frage gestellt, warum das Schiff kein S.O.S. gefunkt hatte. Wenn man sich die Fakten dazu ansieht, ist das aber keineswegs verwunderlich:

Die Southern Districts war zuletzt vor Charleston, South Carolina, gesehen worden, wie sie gegen Seegang ankämpfte. Am 4. Dezember hatte sie s zum letzten Mal Funkkontakt mit ihrer Reederei, der Southern Steamship Company. Eigentlich sollte das Schiff sich alle 48 Stunden melden. Als die Reederei tagelang nichts von dem Schiff hörte, machte sie das schlechte Wetter dafür verantwortlich. Die Eigner wurden erst wach, als das Schiff nicht wie geplant am 11. Dezember in Bucksport einlief. Erst dann informierte die Reederei die Küstenwache, die sofort eine großangelegte Suche begann. Die blieb aber erfolglos. Gefunden wurde von der Southern Districts nur ein Rettungsring, der aber wahrscheinlich schon Tage vor dem Unglück über Bord geworfen wurde, weil er beschädigt war. Es wurde direkt befürchtet, dass der Southern Districts dasselbe Schicksal widerfahren war wie seinem Schwesterschiff, der Southern Isles, die im Dezember 1951 vor Cap Hatteras sehr schnell sank, wobei 17 Seeleute ums Leben kamen. Auch die Southern Isles hatte kein S.O.S. gefunkt.

Der Untersuchungsausschuss ging davon aus, dass die Southern Isles in zwei Teile gebrochen war. Grund hierfür ist, dass zum vermuteten Zeitpunkt in dem Seegebiet ein Nord-Nordostwind geherrscht hat, der auf den nach Norden gerichteten Golfstrom traf, was diesen erheblich aufwühlte. Ein Seemann berichtete davon, dass das Schiff ein *„rostiger Eimer“* wäre. Defekte Bodenplatten wurden nur notdürftig repariert statt komplett ausgetauscht. Unter Seeleuten hatte das Schiff einen schlechten Ruf. Drei Mann der Besatzung sollen sich geweigert haben an Bord zu gehen, da sie der Meinung waren, das Schiff sei nicht seetüchtig. Der Kapitän und die Offiziere schienen diese Meinung nicht geteilt zu haben. Die Frau eines Seemanns sagte aus, dass ihr Mann der Meinung war, dass die Maschinenanlage des Schiffes ein *„einziger Bruch"* und der Boden voller Löcher wäre. Dabei ist das Schiff aber innerhalb von zwei Jahren viermal im Trockendock gewesen und wurde von der Coast Guard und der amerikanischen Klassifikationsgesellschaft American Bureau of Shipping gründlich untersucht. Sie wollten ein weiteres Unglück wie mit der SOUTHERN ISLES, die ebenfalls ein umgebautes Landungsschiff war, vermeiden. Nach deren Untergang hatten die Eigner von der Coast Guard Auflagen erhalten, damit sie die SOUTHERN DISTRICTS weiter betreiben durften. Diese sind auch erfüllt worden.

Die Küstenwache ließ nach dem Verschwinden der SOUTHERN DISTRICTS die Schiffszertifikate aller umgebauten Schiffe des gleichen Typs einziehen. Der Kommandant der Küstenwache entschied, kein Strafverfahren gegen die Reederei und einen ihrer Inspekteure einzuleiten. Der Ausschuss erteilte der Reederei aber eine Rüge, da diese zu spät die Küstenwache informiert hatte. Auch die Inspekteure wurden gerügt, da sie von den Schäden am Schiff wussten und ihre Inspektionen nachlässig ausgeführt hatten. Der Kommandant billigte dies nicht. Er räumte jedoch ein, dass die genaue Ursache des Untergangs nicht herausgefunden werden konnte, aber der schlechte Zustand des Schiffes sicherlich dafür mit verantwortlich war.

Unzählige Yachten und Boote werden vermisst

Ein Grund für das Verschwinden von Booten und Yachten im Bermudadreieck sind häufig Entführungen, Piraterie und andere Arten von Kriminalität. Dies gilt vor allem an den südlichen Grenzen des Bermudadreiecks wie den Bahamas oder der Straße von Florida in der Nähe von Kuba. Das Verschwinden von Kleinfahrzeugen wie Yachten und Boote ist schwer zu untersuchen, da sie in keiner Statistik auftauchen oder besonders untersucht werden. Auch werden keine festen Abreise- und Ankunftsdaten bekannt gegeben, wie bei Frachtern.

Von der Hochsee-Rennyawl REVONOC, die am 1. Januar 1958 von Key West aus mit dem Ziel Miami in See stach, wurde nur das Dinghi REVONOC JR. 80 Seemeilen nördlich von Miami gefunden. Der Eigner der Yacht, ein Zeitungsverleger und erfahrener Rennsegler, war wohl in einen Sturm geraten, der fast Hurrikanstärke hatte. Zwei Fischerboote und zwei weitere Yachten wurden in dem Sturm vermisst. Eine sehr seefeste Yacht wäre nicht sehr schnell. Da Rennyachten möglichst leicht gebaut werden, können sie in einem Sturm schnell zerstört werden.

Für Schlagzeilen sorgte auch der Fall des 7,6 m langen Kabinenkreuzers WITCHCRAFT. Der Eigner, ein Hotelier namens Dan Burack, war mit einem Freund am 22. Dezember 1967 ausgelaufen, um sich das weihnachtlich beleuchtete Miami vom Wasser aus anzusehen. Dabei entfernten sie sich nicht mehr als eine Seemeile vom Ufer. Kurz nach 21.00 Uhr bat Burack RCC Miami (Rescues Cordination Center – Seenotleitstelle) um Hilfe. Er bat darum nach Miami abgeschleppt zu werden, da anscheinend Treibgut seinen Propeller beschädigt hatte. Ein Boot der Coast Guard lief sofort aus, war nach 19 Minuten an der angegebenen Position und suchte nach den Leuchtsignalen, die Burack abbrennen wollte. Es wurden aber keine Leuchtsignale gesichtet und eine groß angelegte Suche nach der WITCHCRAFT führte zu keinem Ergebnis. Dabei hatte Burack großen Wert auf die Sicherheit seines Bootes gelegt. Er hatte zusätzliche Rettungswesten an Bord und im Boot zusätzliche Auftriebskörper einbauen lassen. Seine Bemühungen waren leider vergeblich.

Die etwas seltsame Stellungnahme der Coast Guard dazu „*Wir vermuten, dass das Boot zwar vermisst wird, aber nicht auf See verloren gegangen ist.*“ lässt die Vermutung zu, dass auch die Coast Guard Piraterie nicht ausschließt.

Am 30. April 1975 wurde 14 Seemeilen vor West End, Grand Bahama ein verlassener 6 m Kabinenkreuzer gefunden. An Bord gab es Blutspuren, aber sowohl das Portemonnaie des Besitzers und seine Kleider und die einer weiteren Person waren noch vorhanden. Raub konnte daher als Tatmotiv ausgeschlossen werden.

Einen kriminellen Hintergrund hat wahrscheinlich auch der Fall eines Arztes aus Miami, dessen 6 m langes Boot nur zwei Wochen später am 11. Mai verlassen gefunden wurde. Auch hier wurden viele Blutspuren gefunden. Ob beide Fällen zusammenhängen, konnte nicht herausgefunden werden.

Die Fälle, in denen Blutspuren gefunden wurden oder andere Hinweise auf kriminelle Handlungen, können nicht zu den mysteriösen Fällen des Bermudadreiecks gezählt werden, da Kriminalfälle auf See ganz normal sind. Wobei die Anzahl der Kriminalfälle im Bermudadreieck wahrscheinlich höher liegt als in anderen Seegebieten, da in diesem reiche US-Amerikaner auf arme Mittelamerikaner treffen.

Die Segelyacht Home Sweet Home verließ am 13. Januar 1955 den Hafen von Bermuda mit dem Ziel St. Thomas. Nur eine Stunde nach dem Auslaufen rief sie das RCC Bermuda an. Es meldete sich eine ruhige, klare Stimme mit den Worten „*RCC Bermuda, this is Home Sweet Home*". Dann brach die Verbindung ab. Von der Segelyacht und den vier an Bord befindlichen Personen ist nie wieder etwas gehört worden.

Die Luxusyacht Connemara IV wurde im September 1955 140 Seemeilen südöstlich von Bermuda verlassen aufgefunden. Die Yacht muss sehr seefest gewesen sein, denn anscheinend hatte sie drei Hurrikanes ohne Besatzung überstanden. Kurioserweise sank sie, als der Frachter Olympic Cloud sie abschleppte. Das Schicksal der Besatzung konnte nie geklärt werden.

Die Yacht Flying Dutchman verschwand 1976 und wurde acht Jahre später wieder gefunden, als sie zum Schmuggeln von Drogen benutzt wurde.

Im April 1980 verschwand die 13 m lange Yacht Polymer III zwischen Bahama und Florida. Der Eigner Lester Conrad war zusammen mit einem Freund auf der Rückfahrt von seinem Urlaub in die USA. Obwohl Lesters Frau 25.000 Dollar Belohnung für Hinweise über den Verbleib ihres Mannes versprochen hatte, bekam sie keinerlei Informationen über sein Schicksal.

In der Nacht vom 5. zum 6. November verschwand das 10 m Sportfischerboot Real Fine zwischen Freeport, Grand Bahama und Fort Lauderdale mit drei Mann an Bord.

Obwohl Fischerboote häufig hochseetüchtig sind, kehrten einige von ihnen nicht vom Fang zurück. So etwa lief die Sno' Boy, ein zum Fischerboot umgebautes Schnellboot, am 2. Juli 1963 von Kingston auf Jamaika aus. An Bord waren 40 Passagiere zum Angeln. Nachdem das Boot nicht zurückgekehrte, wurde nach diesem gesucht. Es wurden nur Angeln und zwei Dinghis (kleine Beiboote) gefunden, von denen eins gekentert war. Beide waren leer.

Am 22. April 1975 wurde der 22 m Shrimpkutter Dawn bei Sonnenuntergang am Smith Shoals Leuchtfeuer in der Nähe von Key West gesehen. Von der Dawn und ihrer fünfköpfigen Besatzung wurde nie wieder etwas gehört.

Schwefel – eine ganz besondere Ladung

Als Rätsel des Bermudadreiecks wird auch der Untergang des 153 m langen T2 Tankers Marine Sulphur Queen 1963 betrachtet. T 2 Tanker sind im Zweiten Weltkrieg in den USA zum Teil in Rekordzeit von nur sieben Tagen gebaute Tanker. Sie sollten die Verluste der durch U-Boote versenkten Tanker der Alliierten ausgleichen und sind das Pendant zu den Liberty Frachtern.

Die Marine Sulphur Queen hatte Beaumont in Texas verlassen und war mit einer Ladung geschmolzenem Schwefel auf der Fahrt nach Baltimore. Ein Besatzungsmitglied führte ein Telefonat, als das aus dem Golf von Mexiko kommende Schiff die Florida Keys erreichte. Als die Revierzentrale wenige Stunden später versuchte, das Schiff zu erreichen, erhielt sie keine Antwort. Die Coast Guard bestimmte später den Zeitpunkt ihres Verschwindens auf den 4. Februar zwischen 1.30 Uhr und 11.00 Uhr in der Nähe der Dry Tortugas Insel. Die Insel liegen westlich – und damit außerhalb des Bermudadreiecks. Nachdem sie am 7. Februar überfällig war, wurde eine groß angelegte Suchaktion begonnen. Zahlreiche Schiffe und Flugzeuge suchten ein 348.400 Quadratseemeilen großes Gebiet ohne Erfolg ab. Trotz des dicht befahrenen Seegebietes – 42 Schiffe könnten die Marine Sulphur Queen gesehen haben – wusste keines dieser Schiffe etwas von dem Tanker. Am 13. Februar wurde die Suche aufgegeben. Aber eine Woche später wurden in der Nähe von Key West Teile gefunden, die von dem vermissten Tanker stammen könnten: Einige Rettungswesten, Rettungsringe, ein Nebelhorn und das Stück einer Namensplanke mit den Buchstaben „arine Sulph“. Von Mitte

T-2 Tanker Cedar Mills in San Francisco © Naval History and Heritage Command - NH 89899

März bis Mitte April wurde mit einem Sonar das Gebiet um die Dry Tortuga Inseln abgescannt. Es wurden aber keine Hinweise auf ein Wrack gefunden. Da zu diesem Zeitpunkt Kuba wegen der Machtübernahme von Castro 1958 ein politischer Brennpunkt war, wurde gerätselt, ob der Tanker nach Kuba hätte entführt worden sein können.

Statt dieser spekulativen „politischen" Motive gab es über den Verbleib der Marine Sulphur Queen klare schiffstechnische Ursachen. Der Untersuchungsausschuss vermutete, wobei die Reihenfolge keine Wertung der Wahrscheinlichkeit ist, Folgendes:

1. In den Schwefeltanks kann sich eine Explosion ereignet haben.
2. Ein Nachgeben der Längsträger des Rumpfes hatte zur Folge, dass das Schiff in zwei Hälften gebrochen ist.
3. Das Schiff kann durch Resonanz bei hohen Wellen gekentert sein.
4. Es könnte zu einer Dampfexplosion gekommen sein, da sich leere Räume zu schnell mit Wasser gefüllt hätten.

Zu 1.
Die Erschütterung der Schwefelmasse im Seegang führt dazu, dass die Ladung immer mehr Gase bildet. Entweder waren die Tankentlüftungen zu klein ausgelegt oder sie könnten sich zugesetzt haben. Etwa dadurch, dass im Seegang flüssiger Schwefel in die Entlüftungsrohre schwappt und dort fest wird, wodurch die Rohre verstopfen. Die Gase könnten im Tank explodiert sein. An den Wrackteilen wurden aber keine Hinweise auf eine Explosion gefunden. Diese stammten allerdings auch von anderen Teilen des Schiffes.

Zu 2.
Es könnte sein, dass Mängel an dem längslaufenden Träger (z. B. Risse oder Rost) dazu geführt hatten, dass das Schiff komplett durchbrach. Es gab zehn baugleiche T 2 Tanker, die komplett durchgebrochen sind.

Zu 3.
Durch einen zu hohen Schwerpunkt könnte das Schiff im Seegang eine Rollamplitude gehabt haben, die sich mit dem Seegang aufschaukelte, sodass es anfing zu rollen, bis es schließlich kenterte. Eine Kenterung könnte auch die Folge von schräg achterlich einlaufendem Seegang sein.

Zu 4.
Explosion durch Kontakt des Seewassers mit dem heißen flüssigen Schwefel. Es gab immer wieder Schwelbrände in der Isolierung der Tanks, weil Schwefel aus-

getreten war. Auf der letzten Fahrt sollten 20-70 Tonnen fester Schwefel in der Bilge gewesen sein. Die Bilge ist der Innenboden des Schiffes, wo sich Wasser und Ölrückstände sammeln.

Das Schiff wurde 1960 zum Chemikalientanker für den Transport von Schwefel umgebaut. Dabei wurden alle neun wasserdichten Querschotten entfernt, damit ein durchgehender 102 m langer Tank eingebaut werden konnte. Es wurde in dem Raum, der den Tank umgibt (Aufstellungsraum) nur ein wasserdichtes Schott eingebaut, das den Rumpf in nur zwei wasserdichte Teile unterteilte. Wenn ein Teil des Rumpfes beschädigt werden und Wasser eindringen würde, wäre das Schiff gesunken. Neben der geringeren Lecksicherheit könnte es sein, dass das Schiff nach dem Umbau im Rumpf zu wenig Querfestigkeit hatte. Der durch das Heraustrennen der neun wasserdichten Schotte entstandene Verlust an Querfestigkeit ist anscheinend nicht ausreichend kompensiert worden. Dadurch wäre es möglich, dass aufgrund der dauernden Wechselbelastung im Seegang der Schiffsboden nachgegeben hatte.

Der Untersuchungsausschuss empfahl keine T 2 Tanker mehr zu Tankern für den Transport von Schwefel umzubauen. Der Untersuchungsbericht der US-Navy beschrieb die Marine Sulphur Queen als einen beschädigten T 2 Tanker, der den Wetterverhältnissen nicht gewachsen zu sein schien.

Der 103 m lange Frachter El Caribe verschwand im Oktober 1971 trotz ruhiger See zwei Tage vom Zielhafen Santo Domingo entfernt. Von der EPIRB Alarmboje wurden keine Signale empfangen. Eine EPIRB (Emergency Position Indication Radio Beacon) ist eine Boje, die bei einem Schiffsuntergang frei aufschwimmen und Signale an Rettungsstationen senden kann.

Der 180 m lange Frachter Sylvia L. Ossa gab am 17. Oktober 1976 seine Position 140 Seemeilen südwestlich vom Bermuda und die voraussichtliche Ankunftszeit in Philadelphia an. Er kam mit einer Ladung Eisenerz von Rio de Janeiro. Nachdem das Schiff überfällig wurde, begann die Coast Guard nach der Sylvia L. Ossa zu suchen. Ein Suchflugzeug und ein argentinischer Frachter fanden wie bei der Marine Sulphur Queen den Teil einer Namensplanke mit den Buchstaben L. Ossa in der Nähe der zuletzt gemeldeten Position. Es wurde auch ein leeres Rettungsboot gefunden, das zwar intakt war, aber nicht zu Wasser gelassen wurde. Es wurde mit ungeheurer Kraft von Bord gerissen. Ein riesiges Seegebiet wurde abgesucht, weitere kleine Teile gefunden, darunter eine Rettungsweste, die Brandspuren aufwies.

Ein Sprecher der Coast Guard sagte resigniert: *„Es ist nicht leicht an einem Tag mit einer Sichtweite von 40 Seemeilen und ruhiger See ein 180 m langes Schiff zu vermissen."*

Ähnlichkeit mit dem mysteriösen Auffinden der ohne ersichtlichen Grund verlassen MARY CELESTE 1872 hat auch der Fall des am 14. März 1978 ebenfalls verlassen aufgefunden Küstenmotorschiff HAWARDEN BRIDGE: Ihre Laderäume waren leer und trocken. Zwei Rettungsflöße fehlten ebenso wie der Magnetkompass und Kommunikationsmittel. Der Maschinenraum war geflutet und niemand an Bord. Es gab bis auf den gefluteten Maschinenraum nichts, was ein Grund gewesen sein könnte, das Schiff zu verlassen. Weder die Coast Guard noch Lloyds fanden eine Erklärung dafür. Die HAWARDEN BRIDGE wurde 15 Seemeilen nordwestlich von Great Isaac Light, Bahamas, gefunden. Ihr Zielhafen war Miami. Im Februar 1978 soll die Coast Guard bei einer Kontrolle Marihuana an Bord gefunden haben. Ob dies eine große Menge war, die geschmuggelt wurde oder ob es nur eine kleine Menge war, die von der Besatzung geraucht wurde, ist nicht bekannt.

Ein Politkrimi auf See

Nur wenige Hundert Seemeilen von der letzten Position der SYLVIA L. OSSA ist auch die letzte Meldung von dem Frachter POET empfangen worden. Das 158 m lange, 1944 gebaute Liberty Schiff war mit einer Ladung Getreide auf der Fahrt von Cap Henlopen in Delaware nach Port Said in Ägypten. Sie hatte am 24. Oktober 1980 Cap Henlopen verlassen und sollte ihre Position am 26. Oktober melden. Die Meldung blieb aber aus. Es wurde später vermutet, dass sie nördlich von Bermuda gesunken war, obwohl kein Signal einer EPIRB Boje festgestellt wurde. Am 8. Dezember erklärte die Coast Guard das Schiff für vermisst und die Besatzung für tot.

Um das Verschwinden des Schiffes zu erklären, wurden die wildesten Theorien genannt: das Schiff wäre nach Kuba entführt worden, die Ladung wäre feucht geworden, aufgequollen und hätte dadurch den Rumpf zerstört. Wie von jedem verschollen Schiff wurde auch von der POET behauptet, sie wäre ein rostiger Eimer gewesen. Aber sowohl ein Schiffsingenieur als auch Kapitän hielten das Schiff für recht gut, angesichts des Alters von 36 Jahren. Es war zudem erst im Frühjahr 1980 gedockt worden.

Der Unfalluntersuchungsbericht der Coast Guard geht von drei Möglichkeiten aus, die zum Verlust des Schiffes geführt haben:

1. Das Schiff könnte durch von schräg hinten kommendem Seegang gekentert sein.
2. Die Ladeluke 1, die bereits häufig repariert wurde, könnte im Seegang durch Wellen beschädigt oder eingeschlagen worden sein.
3. Die Coast Guard möchte auch die Möglichkeit nicht ausschließen, dass der Rumpf einen unentdeckten strukturellen Fehler hatte, der zum Verlust des Schiffes geführt hat

Der amerikanische Journalist Wayne Madsen kommt 2014 allerdings in seinem Buch „The Betrayal of the SCORPION and POET" zu einer ganz anderen Erkenntnis:

Die POET soll mitsamt ihrer Besatzung versenkt worden sein, nachdem sie für einen Waffenschmuggel in den Iran genutzt wurde. Hintergrund dafür ist das sogenannte „Oktobergeschenk", das Ronald Reagan zusammen mit George H. W. Bush dem im Iran regierenden Ayatollah Khomeini machte, um einen Vorteil im Präsidentschaftswahlkampf gegen Jimmy Carter zu erlangen. Seit dem November 1979 hielt der Iran 52 amerikanische Staatsbürger gefangen. Jimmy Carter versuchte mit vielen diplomatischen Mitteln diese noch vor der Wahl freizubekommen. Der republikanische Präsidentschaftskandidat Ronald Reagan versuchte aber zusammen mit George H. W. Bush den Iran dazu zu bewegen, die Geiseln erst frei zulassen, wenn er zum Präsidenten ernannt wird. Dafür bot er dem Iran Waffen an, die dieser dringend für den gerade begonnen Krieg gegen den Irak benötigte.

Auffällig an der POET war, dass sie unter amerikanischer Flagge fuhr. Die amerikanische Handelsflotte fährt fast ausschließlich unter anderen Flaggen, wie zum Beispiel der von Liberia. Die amerikanische Flagge und Besatzung an Bord ist ein Hinweis darauf, dass es einen speziellen Auftrag vom Pentagon oder der CIA hatte.

Die POET verließ am 24. Oktober 1980 mit 13.500 Tonnen Getreide beladen Philadelphias Girard Point Getreideterminal. Das Getreide war in den Laderäumen 1, 2 und 3. Die Luke 4 soll beschädigt gewesen sein, sie war anscheinend zugeschweißt. Bevor das Schiff in Philadelphia eintraf, hatte es einen Zwischenstopp in Norfolk, Virginia gemacht. Dort in der Nähe, in Yorktown, befindet sich die Naval Weapons Station. In Norfolk soll das Schiff mit einer Ladung Waffen und Ersatzteilen für Militärflugzeuge im Wert von 40 Millionen US Dollar beladen worden sein.

Das Schiff wurde offiziell zuletzt gesehen, als es am gleichen Tag Cap Henlopen in Delaware passierte. In Gibraltar kam es jedoch nie an.

Ein ehemaliger Angehöriger des amerikanischen Geheimdienstes berichtete Madsen, das Schiff sei um das Kap der Guten Hoffnung und durch die Straße von Hormuz in den iranischen Hafen Bandar Abbas gefahren. Also ist die Suche nach dem Schiff vom 8. Bis zum 17. November im Atlantik genauso überflüssig gewesen, wie der gesamte Untersuchungsausschuss. In Silvermine bei Kapstadt betreibt die NATO seit 1973 einen Horchposten, der alle Schiffe, die das Kap der Guten Hoffnung passieren, erfasst. Dort wurde auch die POET bemerkt. In Bandar Abbas sollen die Waffen entladen worden sein. Von dort aus soll sie ausgelaufen und später in einer geheimen Mission vom israelischen Militär versenkt worden sein.

Die Theorie von Madsen hört sich sehr skandalös an. Lesen Sie am besten sein Buch und bilden sich ihre Meinung darüber. Selbst wenn das Schiff nicht vom israelischen Militär versenkt wurde, so besteht die Möglichkeit, dass es durch den Golfkrieg zwischen Iran und Irak versehentlich oder auch absichtlich versenkt wurde.

Die POET war eines der zahlreichen Liberty Schiffe, die noch lange nach Ende des Zweiten Weltkrieges in Betrieb waren. Sie waren wie T 2 Tanker nach Ende

Stapellauf des Liberty Frachters WILLIAM B. GILES © Naval History and Heritage Command - NH 75809

des Zweiten Weltkrieges im Überfluss vorhanden. Daher war der kommerzielle Druck groß, diese noch weiter zu beschäftigen. Neben den niedrigen Investitionskosten war es ein Vorteil für die Reederei, dass diese sofort zur Verfügung standen, wogegen neue Schiffe erst hätten gebaut werden müssen. Die schnell gebauten Schiffe hatten nur den Zweck, den Krieg gegen Nazi Deutschland zu gewinnen und waren daher nicht darauf ausgelegt jahrzehntelang betrieben zu werden. Daher gingen auch zahlreiche dieser Schiffe verloren und einige davon – wie die POET – wurden mit dem Bermudadreieck in Zusammenhang gebracht.

Containerschiff sinkt im Bermudadreieck

In einem Hurrikan sank 2015 das kombinierte Ro/Ro-Containerschiff EL FARO nahe der Bermudainsel Crooked Island. Damit zählt die EL FARO zwar zu den Schiffen, die im Bermudadreieck gesunken sind, aber an diesem Untergang ist gar nichts Rätselhaftes, da er vollkommen aufgeklärt werden konnte. Das 230 m lange Schiff war auf der Fahrt von Jacksonville in Florida nach Puerto Rico und war mit Containern, Autos und Trailern beladen. Die Fahrtroute kreuzte ein Tropensturm. Der Kapitän wählte eine Route, die direkt in das Zentrum des Sturms führte, statt eine längere südliche Route. Er blieb dabei, auch als sich der Sturm zum Hurrikan entwickelte, wahrscheinlich schätzte er die Route des Hurrikans falsch ein.

Die Nationale Behörde für Transportsicherheit (NTSB) untersuchte das Unglück ausführlich (Untersuchungsbericht NTSB / MAR 17-01 / www.ntsb.gov) und fand folgendes heraus: Während des Hurrikans drang über ein nicht geschlossenes Mannloch Wasser in einen Laderaum ein. Durch das eindringende Wasser lösten sich einige Autos, die nur unzureichend gelascht waren. Ein Auto rutschte gegen eine Seewasserleitung an der Außenhaut des Schiffes und beschädigte die Leitung, die dazu diente, Wasser für die Feuerlöschpumpe anzusaugen. Dadurch drang zusätzlich Wasser ein, wodurch die EL FARO Schlagseite bekam. Die Lenzpumpen schafften es nicht, das schnell eindringende Wasser aus dem Schiff zu pumpen. Die Schlagseite nahm immer weiter zu, was dazu führte, dass offene Lüftungsöffnungen eintauchten, wodurch sich das Schiff noch schneller zur Seite neigte. Die Hauptmaschine fiel aus, da sie durch die Neigung kein Schmieröl aus dem fast leeren Schmieröltank mehr bekam. Das Schiff war schutzlos den Wellen ausgeliefert, es drang immer mehr Wasser ein, bis es schließlich sank. Es gab keine Überlebenden.

Das Wrack wurde im November von der US-Navy in 4.600 m Tiefe gefunden. Sogar der Datenschreiber konnte geborgen werden. Auf ihm waren Gespräche auf der Brücke aufgezeichnet, in denen die Wache die Entscheidung des Kapitäns die Route nicht zu ändern sarkastisch kommentiert. Der Kapitän war während sich das Wetter verschlechterte nicht auf der Brücke und lehnte aus seiner Kajüte heraus mehrmals Anfragen von dem Wachhabenden Offizier ab, den Kurs wechseln zu dürfen.

Die unterschiedlichsten Schiffsverluste vom Fischerboot bis zum Containerschiff werden mit dem Mythos Bermudadreieck in Verbindung gebracht. Das mit Abstand am häufigsten mit dem Bermudadreieck in Verbindung gebrachte Schiff ist ein Kohlenversorger der US-Navy: Die Cyclops.

Cyclops bei der Kohlenübergabe mit dem Kohlentransportsystem © Naval History and Heritage Command - NH 76012

Kohlentransportschiffe

„Wenn Munition fehlt, kannst du fliehen, wenn Essen fehlt, kannst du die Ration halbieren und weiterkämpfen, wenn Brennstoff fehlt kannst du weder kämpfen noch fliehen.“ (Admiral Alfred Thayer Mahon, US-Navy)

Mit dem Ende des 19. Jahrhunderts revolutionierte sich der Bau von Kriegsschiffen. Der technische Fortschritt machte den Bau von seegängigen Kriegsschiffen mit großer Reichweite möglich. Um die Flotte auch weit von den USA entfernt einsetzen zu können, entwickelte die US-Navy sogenannte Colliers (Kohlentransportschiffe). Diese wurden besonders für den Krieg im Pazifik geplant, um nicht – wie in der Schlacht der Manilabucht – auf angemietete Frachter, die die Flotte mit Kohle versorgten, angewiesen zu sein. Parallel zum Aufbau des Kohlentransportservices begann die US-Navy die Einrichtung von Basen im Pazifik zur Versorgung ihrer Flotte.

Ein Collier ist definiert als ein Schiff, dass dazu entworfen wurde, andere Schiffe mit Kohle zu versorgen. 1908 entschied sich die US-Navy, die Feuerung ihrer Schiffe von Kohle auf Ölfeuerung umzustellen. Durch den Einsatz von Öl wird die Reichweite der Flotte vergrößert. Zudem ist Öl leichter umzuschlagen und in den USA reichlich vorhanden. Die neu gebauten Kohlentransportschiff wurden daher nicht nur mit Kohlebunkern, sondern auch mit Öltanks ausgestattet.

Bevor die US-Navy ihre Schiffsantriebe auf Öl umstellte, war ihr Bedarf an Kohle enorm. 1910 verbrauchte die Flotte 651.241 Tonnen Kohle, davon wurden 52 % für den Schiffsantrieb verbraucht, der Rest wurde für die Stromerzeugung, zum Heizen, Kochen usw. benötigt. Der wesentliche Vorteil eines Kohlentransportschiffs ist, dass er die Flotte begleiten und unterwegs bebunkern kann. Da die Schiffe somit zum Bunkern keinen Hafen anlaufen mussten, konnte die Einsatzbereitschaft und die Reichweite der Flotte erheblich gesteigert werden. Auch nach dem Ersten Weltkrieg benötigten die meisten Schiffe der US-Navy Kohle als Brennstoff. Deutschland hat dagegen keine eigenen Ölvorkommen. Zudem war der Einfluss der Montanindustrie zu groß, als dass die Kaiserliche Marine ihren Antrieb von Kohle auf Öl umgestellt hätte.

Kohlentransportschiff waren nicht oder nur sehr leicht bewaffnet (mit einigen Maschinengewehren). Sie waren die Kohlenzüge der See, langsam, schwer zu manövrieren, aber durch ihre Größe ein leichtes Ziel für den Feind.

1908 hatte die Marine acht Kohlentransportschiffe. Das älteste wurde 1879 gebaut, die beiden neuesten 1898. Die Transportkapazität des größten betrug 4.800

Tonnen. Sie hatten nur eine niedrige Geschwindigkeit, wodurch der Aktionsradius der Flotte eingeschränkt war. Nur vier waren geeignet, um die Flotte bei größeren Manövern zu bebunkern. Daher wurde der größte Teil der Kohle mit gecharterten Schiffen transportiert. Diese gehörten allerdings ausländischen Reedereien, da den US-amerikanischen Reedereien die von der US-Navy gezahlte Charterrate zu niedrig war. Da die Flotte vergrößert wurde und die USA weltweit politisch und militärisch Einfluss haben wollten, wurde die Notwendigkeit erkannt, neue Kohlentransportschiffe in Dienst zu stellen. Selbst wenn die Flotte im Hafen liegt, könnten diese dazu genutzt werden, weit abgelegene Stützpunkte mit Kohlen zu versorgen. 1908 beschloss der Kongress der Vereinigten Staaten den Neubau von zwei Kohlentransportschiffe mit einer Tragfähigkeit von 12.500 Tonnen und einer Geschwindigkeit von 14 Knoten. Für die Lieferung von Stahl und sämtlicher Ausrüstung wurde vertraglich vereinbart, dass diese nur aus den USA stammen durfte. Das eine sollte Jupiter, das andere Cyclops genannt werden.

Die Cyclops wurde bei Wiliam Cramp & Sons Ship and Engine Building Company in Philadelphia gebaut. Es war das erste Schiff, das mit einem Kohlentransportsystem ausgerüstet wurde. Dieses ermöglicht es über Trossen mit Körben andere Schiffe zu bebunkern.

Das Schiff wurde nach den Vorschriften der amerikanischen Klassifikationsgesellschaft (ein TÜV für Schiffe) American Bureau of Shipping (ABS) Classification A 1 gebaut. Die Cyclops sollte nach den Vorgaben des ABS alle Güter weltweit transportieren können. Das Material, dass während des Baus verwendet wurde, wurde vorher gewogen, um das tatsächliche Gewicht des Schiffes mit dem berechneten Gewicht vergleichen zu können. Im September 1909 begann die Werft mit dem Bau, im Mai 1910 lief die Cyclops vom Stapel. Trotz der aufwändigen Ausrüstung mit dem Kohlentransportsystem wurde das Schiff im November 1911 in Dienst gestellt. Die endgültige Abnahme durch die Marine fand erst im März 1912 statt. Es kann also keiner der Marine vorwerfen, sie hätten das Schiff nicht gründlich erprobt, bevor sie es von der Werft übernommen haben. Bei der Erprobung hat sich gezeigt, dass das Schiff 1.440 Tonnen Kohle pro Stunde umschlagen kann. Durch elektrisches Licht konnte rund um die Uhr gearbeitet werden.

Nach Indienststellung begann die Cyclops zuverlässig Schiffe zu bebunkern. Stationiert war sie in dem Marinestützpunkt in Norfolk, Virginia. Bereits im April 1911 wurde das Schiff im Trockendock untersucht. Die Cyclops wurde jährlich gedockt und von der Marine optimal gepflegt. Nach dem Werftaufenthalt machte sie ihre erste Atlantiküberquerung, um die Flotte der 2. Division in der Ostsee bei Kronstadt (heute ein Teil von St. Petersburg) zu bebunkern. Anschließend fuhr sie nach Kiel, wo sie im Juni im Rahmen der Kieler Woche vorgestellt wurde. Die Cyclops begeisterte durch ihre Größe und ihr auffallendes Aussehen das Publikum. Deutsche Experten waren von dem Schiff beeindruckt.

Im Januar 1912 wurde sie von einem Besichtiger der US-Navy untersucht. Er bestätigte dem Schiff einen exzellenten Zustand. In den nächsten Jahren versah die Cyclops monoton ihren Dienst und bebunkerte die Schiffe an verschiedenen Marinestützpunkten wie Hampton Roads Virginia, und Guantanamo Bay auf Kuba. Ein Datum sticht jedoch hervor – am 6. Mai 1916 hatte das Schiff zum Geburtstag von Kronprinz Wilhelm von Preußen über die Toppen geflaggt.

Der monotone Betrieb der Cyclops änderte sich erst, als die USA Deutschland den Krieg erklärten.

Deutschland und die USA – die neuen Rivalen Großbritanniens

Während der zweiten Hälfte des 19. Jahrhunderts entwickelten sich die USA und Deutschland parallel. Beide Länder erfuhren mit der Industrialisierung eine ungeheure wirtschaftliche Entwicklung und die Bevölkerungszahlen stiegen stark an. In den USA begann mit dem Ende des Bürgerkriegs die Industrialisierung und es kam zu einem rasanten ökonomischen Wachstum.

In Deutschland kam es nach den Einigungskriegen und der Reichsgründung 1871 zu einem noch nie dagewesenen wirtschaftlichen Aufschwung. Grund dafür waren unter anderem die französischen Reparationszahlungen nach dem Deutsch-Französischem Krieg. Deutschland und die USA entwickelten ein neues Nationalbewusstsein. Über 40 Jahre später machten beide Nationen Großbritannien die Stellung als Seemacht streitig. Dazu war ein globales Netzwerk nötig, das es ermöglichte, Handelsrouten und somit die Rohstoffversorgung zu sichern. Es kam in den Ländern neben dem ökonomischen Aufstieg auch zu einer Entwicklung in der Wissenschaft, der Kultur und dem Militär. Dieser Fortschritt wird auch der Wettlauf um die Moderne genannt.

Die Aufrüstung der Flotten ab Ende des 19. Jahrhunderts verlief parallel zu der Entwicklung der Massenmedien wie Zeitung und Film. Daher wurden die Medien intensiv genutzt, um die Bevölkerung für die Flotte zu begeistern. Um ihre Marine im Atlantik und Pazifik einsetzen zu können, bauten die USA den Panamakanal, der 1914 eröffnet wurde. In Deutschland gab es bereits den Kai-

Guantanamo Bay © Naval History and Heritage Command - UA 571.45

ser-Wilhelm-Kanal (Nordostseekanal). Deshalb konnte die Kaiserliche Marine nicht nur in der Nordsee, sondern auch in der Ostsee eingesetzt werden.

Die USA waren damals der Auffassung, es käme im 20. Jahrhundert entweder zu einer Vorherrschaft der westlichen oder der östlichen Staaten. Wie das römische Reich die germanischen Stämme bekehrt hatte, gab es Stimmen in der US-Navy, die die Asiaten ähnlich bekehren wollten. Präsident Theodor „Teddy" Roosevelt plädierte bei einer Rede vor der Marine: *„England ist auf dem absteigenden Ast. Die Natur lässt kein Vakuum zu, daher muss die USA die Lücke füllen."* Während Deutschland nur eine der Großmächte sein wollte, strebten die USA die Weltherrschaft an. Sowohl die USA als auch Deutschland erkannten, dass für den Weg zur Weltherrschaft eine Flotte aufgebaut werden musste, um die Dominanz auf See zu erringen.

Beide Nationen sahen sich daher bald als Gegner an. Bereits 1899 erklärte ein Admiral der US-Navy, dass der nächste Krieg gegen Deutschland geführt werden würde. In Deutschland wurde damit gerechnet, dass die Kaiserliche Marine nicht nur gegen England, sondern auch gegen die USA eingesetzt werden sollte. Sie wurde jedoch nur für den Einsatz auf der Nord- und Ostsee und für einen Angriff auf London geplant. In der US-Navy wurde dagegen für den globalen Einsatz geplant. Deren Generäle blickten neidisch auf die zentralisierte Führung der Kaiserlichen Marine. US General Maghan bezeichnete Deutschland als das neue Sparta. Die Eilte der US-Navy wollte dem deutschen Großadmiral Tirpitz nacheifern und nahm sich die deutsche Organisation und Ausbildung zum Vorbild. Darüber waren die Deutschen sehr erfreut. Sie versäumten aber andererseits von den USA zu lernen und unterschätzten überheblich deren Leistungsfähigkeit.

Dies rächte sich nach dem Kriegseintritt der USA, als es der US-Navy gelang, riesige Truppen nach Europa zu verlegen.

Deutschland hatte durch seine Überbevölkerung und Überproduktion den Drang zur Ausdehnung. Die USA fürchteten daher, dass Deutschland Interesse an Kolonien in der Karibik oder Südamerika hätte. Dies wäre eine Gefahr für den Herrschaftsbereich der USA, die kontinuierlich die Führung über ganz Amerika für sich beanspruchten (Monroe Doktrin).

Parallel zum Aufbau des Kohlentransportservices begann die US-Navy die Einrichtung von Basen im Pazifik zur Versorgung ihrer Flotte. In der Karibik wurde als Hauptbasis Guantanamo Bay auf Kuba eingerichtet. 1917 folgte ein Flottenstützpunkt auf den Dänisch Westindischen Insel (St. Thomas, St. John, St.Croix), heute Virgin Islands. Es wurde befürchtet, dass die Deutschen diese Inseln als U-Boot Basis nutzen könnten, um von dort aus den Panamakanal anzugreifen und zu besetzen. Im Pazifik wurde Pearl Harbor auf Hawaii die Hauptbasis. Guam wurde ein wichtiger Flottenstützpunkt, da er in der Nähe von China liegt.

Zudem hatten England und Deutschland Konflikte um die wirtschaftliche Vormacht z. B. in China. Diese globalen Spannungen verschärften sich, bis 1914 der Erste Weltkrieg ausbrach. Die USA blieben vorerst neutral.

Wer sich mit der maritimen Aufrüstung in Deutschland und den USA vor dem Ersten Weltkrieg eingehender beschäftigen möchte, dem sei das Buch „Militarism in a Global Age – Naval Ambitions in Germany and the United States before the First World War" von Dirk Bönker empfohlen.

Der Untergang der LUSITANIA und der Eintritt der USA in den Ersten Weltkrieg

Deutsche Auswanderer haben die USA in der Vergangenheit so stark geprägt wie kaum eine andere Bevölkerungsgruppe. Insgesamt sind über 7 Millionen Deutsche in die USA ausgewandert. Sie etablierten sich als eine angesehene Einwanderergruppe, wurden erfolgreiche Farmer und waren früh in den neuaufstrebenden Industrien präsent. So gründeten Deutsche Brauereien oder verdienten ihr Geld als Vorarbeiter im Eisenbahnbau. Auch in der aufstrebenden US-Navy arbeiteten sie sich schnell hoch. Der Ausbruch des Ersten Weltkrieges brachte für die deutschstämmigen US-Amerikaner grundlegende Veränderungen mit sich.

Die USA hatten eine lange Tradition sich aus Konflikten in Europa herauszuhalten. Diese wurde mit dem Kriegsbeginn in Europa auf eine harte Probe gestellt. Die pazifistische Stimmung begann sich zu ändern, als die LUSITANIA im März 1916 von einem deutschen U-Boot versenkt wurde. Die Umstände ihres Untergangs werden oft zu kurz dargestellt, um diesem komplexen Thema gerecht zu werden. Daher müssen sie hier ausführlich erklärt werden, um die Zusammenhänge richtig verstehen zu können.

Wettrennen zur See

In der Passagierschifffahrt auf dem Nordatlantik war gegen Ende des 19. Jahrhunderts das aufstrebende Deutsche Reich eine ernsthafte Konkurrenz für Großbritannien geworden. 1904 hatte der deutsche Schnelldampfer KAISER WILHELM II vom Norddeutschen Lloyd das Rennen um das „Blaue Band" für die schnellste Nordatlantiküberquerung erhalten. In Großbritannien wurde dies als nationale Demütigung aufgefasst. Insbesondere die Admiralität wollte, dass das „Blaue Band" zurückerobert wird. Daher unterstützte sie die britisch-amerikanische Cunard Line bei dem Bau eines neuen Schnelldampfers, der einen neuen Geschwindigkeitsrekord aufstellen sollte.

Die Baukosten des 1904 auf Kiel gelegten Schiffes übernahm die Admiralität unter der Voraussetzung, dass es notfalls mit einer beträchtlichen Bewaffnung (12 x 15 cm Geschütze) ausgerüstet werden und im Kriegsfall als Hilfskreuzer zur Verfügung stehen könne. Dies war eine in vielen Schifffahrtsnationen übliche Praxis. Gebaut wurde nach den Vorgaben der Admiralität. Die ehrgeizige Konstruktion führte dazu, dass die Schwimmstabilität und Lecksicherheit nach heutigen Maßstäben nicht akzeptabel wären. Der Grund hierfür ist die hohe Bauart

LUSITANIA © *Library of Congress*

des Schiffes. Diese führte dazu, dass ab einer Schlagseite von 5 Grad auf einer Seite keine Rettungsboote zu Wasser gelassen werden konnten. Auf der anderen Seite könnten die Boote zwar zu Wasser gelassen werden, jedoch wären diese von der Deckskante zwei Meter entfernt und damit das Einsteigen unmöglich. Auf den unteren Decks der 3. Klasse waren im Notfall von der Brücke verschließbare Schotttüren. Diese waren zwar im Notfall mechanisch von innen zu öffnen, aber nur die Besatzung und nicht die Passagiere wussten, wie sie zu bedienen waren. Als das Schiff am 7. September 1907 umjubelt den Hafen von Liverpool verließ, um seine Jungfernfahrt nach New York anzutreten, dachte niemand daran. Das Schiff erfüllte die Erwartungen und eroberte einen Monat später das Blaue Band zurück. Bis zum Ausbruch des Ersten Weltkrieges versah die LUSITANIA zuverlässig den Liniendienst zwischen Liverpool und New York.

Im Februar 1913 sprach der Erste Lord der britischen Admiralität, Winston Churchill, mit dem Direktor der Cunard Line, Alfred Booth, über den Einsatz von deren Schiffen für die Admiralität im Kriegsfall. Für Winston Churchill gab es keine Zweifel daran, dass ein Krieg mit Deutschland bevorstand. Er rechnete mit einem Ausbruch im September 1914, wenn in Deutschland die Erweiterung des Kaiser-Wilhelm-Kanals abgeschlossen und die Ernte eingebracht war.

Im Mai 1913 wurde die LUSITANIA in Liverpool zum Hilfskreuzer umgebaut. Die Admiralität ließ dabei folgende Arbeiten ausführen:

Die gesamte Schiffslänge wurde vom Schutzdeck bis unter das Oberdeck in einer Höhe von 4,4 m mit doppelten Stahlplatten vernietet. Die Stringerplatten (Längsträger) des Schutzdecks wurden verdoppelt. Den Reserve-Kohlenbunker vor dem ersten Kesselraum baute man in ein Munitionsmagazin um. Es wurden Aufzüge eingebaut, die Granaten an Deck befördern können. Ein weiteres Munitionsmagazin entstand aus einem Postraum im Heck des Schiffes. Das Vorder- und Hinterdeck erhielt Fundamente für Geschütze, sodass jedes Deck zwei 15 cm Schnellfeuergeschütze aufnehmen konnte. Unter den Teakholzdielen des Schutzdecks befestigte man Drehkränze, die durch Klappen im Deck zugänglich waren. Insgesamt konnte das Schutzdeck 12 x 15 cm Geschütze aufnehmen. Im Kriegsfall mussten diese mit nur jeweils 12 Bolzen befestigt werden. Die Umbauten machten das Schiff noch topplastiger. Dies bemerkten später auch einige Reisende, die bereits vor dem Umbau mit der LUSITANIA gefahren waren.

U-Boot sind eine neue Gefahr

Die englische Admiralität und deren Erster Lord Winston Churchill hielten es nicht für möglich, das deutsche U-Boote eine Gefahr für den britischen Seehandel darstellen könnten. Daher wurde bei der Bewaffnung von Handelsschiffen nicht an die Abwehr von U-Booten gedacht.

Es gab im Seekrieg schon lange ein Prisenrecht. Ein Handelsschiff, das einer kriegsführenden Partei angehörte, wurde als Prise betrachtet und die Besatzung in Kriegsgefangenschaft genommen. Diese Regelung bezog sich jedoch nur auf unbewaffnete Handelsschiffe. Als Churchill britische Handelsschiffe bewaffnen ließ, nahm er diesen damit auch den Anspruch auf eine solche Behandlung. Es war den unteren Rangebenen der Admiralität klar, dass es kein U-Boot wagen würde aufzutauchen, um ein schwer bewaffnetes Schiff zu stoppen und zu durchsuchen. Es hätte keine andere Wahl, als der Besatzung die Chance zu geben, in die Rettungsboote zu gehen und die Prise dann zu versenken. Während des Ersten Weltkrieges war dies eine übliche Praxis der deutschen U-Boote. Ein bewaffnetes Handelsschiff könnte sich gegen dieses Vorgehen wehren und das U-Boot angreifen. Es war also abzusehen, dass der Seekrieg irgendwann eskalieren und von dem Prisenrecht abgegangen werden würde.

Churchill erkannte früh, dass daraus eine taktische Chance für Großbritannien entstand. Seine Strategie war es, die Deutschen in eine Konfrontation mit den USA zu treiben. *„Die erste unter meiner Verantwortung getroffene britische Gegenmaßnahme verfolgte den Zweck, die Deutschen von Überwasserangriffen abzuhalten. Das untergetauchte U-Boot musste sich in zunehmendem Maße auf den Unterwasserangriff stützen mit dem damit verknüpften Risiko, neutrale für britische Schiffe zu halten und neutrale Besatzungen in den Tod zu schicken und Deutschland auf diese Weise mit anderen Großmächten in Konflikt zu bringen."* Dadurch erhoffte er sich, die prodeutschen Stimmen in den USA zum Verstummen zu bringen. Um dies zu provozieren, wies die Admiralität alle britischen Schiffe an, ihre Namen und Heimathäfen zu übermalen und die Flagge einer neutralen Nation zu zeigen. Alle Schiffe der Cunard Line, der auch die LUSITANIA gehörte, sollten die amerikanische Flagge zeigen.

Im Sommer 1914 drohte den USA eine Rezession. Eine vom Bankier J.P. Morgan beauftragte Abordnung versuchte das Finanzministerium zu überzeugen, Großbritannien Kredite zu geben. Die Regierung lehnte dies mit Verweis auf die amerikanische Neutralität ab. Im Oktober gelang es jedoch den Präsidenten umzustimmen. Morgan kontrollierte den internationalen Seehandel, besaß die

Mehrheit an vielen Reedereien wie auch dem Norddeutschen Lloyd aus Bremen. Er hatte eine Abneigung gegen den idealistischen Präsidenten Wilson. Während dieser neutral bleiben wollte, tat Morgan alles, was in seiner Macht stand, um die Briten zu unterstützen. Er organisierte den britischen Nachschub über den Nordatlantik. Dabei wurde auch Munition mit Passagierschiffen transportiert, die auch gleichzeitig als Truppentransporter genutzt wurden.

Ab Oktober 1914 erhielten Kapitäne britischer Handelsschiffe immer wieder Warnungen, dass es ein Vergehen sei, nach Aufforderung durch ein U-Boot zu stoppen. Stattdessen sollte das U-Boot angegriffen, notfalls gerammt werden. Falls ein Kapitän sein Schiff dem Feind übergab, drohte ihm eine Anklage. Im selben Monat kam es zwischen Vertretern der Admiralität und Alfred Booth von der Cunard Line zu einem Gespräch über die zukünftige Verwendung der LUSITANIA. Zur Verwunderung für Booth sollte der Liniendienst zwischen New York und Liverpool wieder aufgenommen werden. Der Frachtraum sollte dabei der Admiralität zur Verfügung stehen. Die Cunard Line war zu dem Betrieb gezwungen, da die Admiralität die Baukosten des Schiffes übernommen hatte. Die Wiederaufnahme des Liniendienstes war unattraktiv, da es wegen des Krieges kaum noch Passagiere für die Überfahrt gab. Nach dem Gespräch schrieb Booth seinem Vetter, dass ihm befohlen wurde, Konterbandist im großen Stil zu werden. Das US-Außenministerium verbat den Transport von Munition auf Passagierschiffen.

Passagieren und Munition an Bord

Ab Ende 1914 fuhr die LUSITANIA wieder im Liniendienst von Liverpool nach New York. Allerdings mit reduzierter Geschwindigkeit, denn es mussten Kohlen gespart werden, da Cunard bei jeder Reise 2.000 Pfund Verlust machte. Es wurden nur dreiviertel der Kessel beheizt, deshalb fuhr sie mit einer Geschwindigkeit von 18 Knoten. Die Besatzung wurde reduziert und die Stimmung an Bord verschlechterte sich. Kapitän Dow entkam mit seinem Schiff auf mehreren Reisen nur knapp deutschen Kriegsschiffen oder U-Booten. Die Fahrt mit reduzierter Geschwindigkeit war ihm unter diesen Umständen viel zu gefährlich.

Vor einer Ausreise von New York weigerte sich der für die Verladung zuständige Cunard Mitarbeiter Summer, das Passagierschiff mit Munition zu beladen. Daher machte die LUSITANIA eine Reise ohne Munition. Dem Mitarbeiter wurde vorgeworfen, ein deutscher Agent zu sein. Nachdem sein Gehalt verdoppelt wurde, ließ er das Schiff wie gewünscht beladen. Die New Yorker Docks der Cunard Line standen nun unter besonders kritischer Beobachtung und es wurde in den Zeitungen gegen deutsche Einflüsse bei der Cunard Line gehetzt. Dabei wurde gegen alles Deutsche, Jüdische und Slawische polemisiert. Unterscheidungen waren dabei wohl nicht so wichtig.

Die Admiralität hielt es für unwahrscheinlich, dass deutsche U-Boote an der Küste Irlands operierten, da sie dazu den verminten und schwer bewachten Ärmelkanal durchqueren mussten. Im Januar 1915 waren die Passagierschiffe TTRANSSSYLVANIA und AUSONIA nach Liverpool unterwegs. An Bord waren Geschütze, die die amerikanische Bethlehem Steel Company an die englische Marine verkauft hatte. Da das deutsche U-Boot U 21 bei Liverpool drei Handelsschiffe versenkt hatte wurden beide Schiffe nach Queenstown umgeleitet. Zwei Tage waren die Schiffe wegen des U-Boot-Alarms abgeriegelt. An Bord waren amerikanische Passagiere, die sich im US-Außenministerium darüber beschwerten. In ihren Schreiben erwähnten sie auch die an Bord befindlichen Geschütze.

Im Februar 1915 reiste Präsident Wilsons Berater Colonel House auf der LUSITANIA zu Friedensverhandlungen nach Europa. In einem Bericht bemerkte er, dass der damalige Kapitän der LUSITANIA, Dow, beim Erreichen der irischen Küste sehr beunruhigt war. Er befürchtete U-Boot-Angriffe und ließ die amerikanische Flagge hissen. Ihm war klar, dass die Längsspantenkonstruktion seines Schiffes einem Torpedoangriff nicht gewachsen war und stellte einen Plan zur Evakuierung der Passagiere auf. Durch die Längsspantenbauweise hatte das Schiff nicht so viele wasserdichte Querschotten, die die Verteilung des Wassers in Schiffslängsrichtung vermieden. House wies in seinem Bericht darauf hin, dass sich daraus Komplikationen ergeben könnten. In dem britischen Marinejahrbuch „Janes Fighting Ships“ 1914 war die LUSITANIA als Hilfskreuzer und im Marinejahrbuch „The Naval Annual“ als bewaffnetes Handelsschiff bezeichnet worden. Beide Bücher gehörten zur Standardausrüstung auf jedem deutschen U-Boot.

Am 8. März 1915 teilte Kapitän Dow dem Leiter der Cunard Line Booth mit, dass er sich weigere, ein Schiff mit Passagieren, Munition und sonstiger Konterbande zu führen. Bestärkt wurde Dow in seiner Entscheidung dadurch, dass die LUSITANIA auf einer Reise im Doppelboden Dieselöl transportierte. Sein Nachfolger wurde Wiliam Turner, der die LUSITANIA erstmal gründlich inspizierte und einiges auszusetzen hatte: Er beschwerte sich über die mangelhafte Ausbildung der Besatzung, den schlechten Zustand der Rettungsmittel und die unzureichende Leistung der Turbinen. Die beiden letzten Mängel wurden direkt behoben. Die Besatzung konnte nicht durch gut ausgebildetes Personal ersetzt werden, da dieses von der Royal Navy benötigt wurden.

Plakate warnten davor mit der LUSITANIA zu fahren

Nachdem Name und Heimathafen entfernt waren, lief die LUSITANIA am 17. April 1915 nach New York aus, wo sie am 24. eintraf. Die deutsche Gemeinde in New York sah die Gefahr, dass die USA in den Krieg gegen Deutschland eintreten würden, falls sich amerikanische Passagiere auf einem bewaffneten Handelsschiff befinden, das torpediert werden würde. Daher veröffentlichten sie in der Presse Anzeigen, die davor warnten, sich auf der LUSITANIA einzuschiffen. Denn diese war das nächste bewaffnete Handelsschiff, das nach Großbritannien fahren sollte. Ein Vertreter der deutschen Gemeinde wies das amerikanische Außenministerium darauf hin, dass die LUSITANIA mit nur einer Ausnahme auf allen Fahrten seit Kriegsbeginn Munition an Bord gehabt habe. Auch Präsident Wilson wusste, dass Munition auf der LUSITANIA transportiert wurde.

Es war vorgesehen auf der LUSITANIA unter anderem 600 Tonnen Schießbaumwolle zu transportieren. Diese benötigte man für die Herstellung von Minen. Sie kann durch Kontakt mit Wasser explodieren und sollte daher in wasserdichten Spezialbehältern transportiert werden. Die Behälter wurden jedoch nicht recht-

LUSITANIA bei der Ankunft in New York 13. September 1907 © Library of Congress

Der Leuchtturm Old Head of Kinsale © www.Discoveringcork.ie

zeitig fertig und die Wolle unverpackt verladen. Zur Ladung gehörten auch 51 Tonnen Schrapnellgranaten.

Vor dem Auslaufen der LUSITANIA am 1. Mai kamen Journalisten an Bord und konfrontierten die Offiziere mit den Anzeigen. Ein Offizier tat die Warnung verächtlich ab. Es sagte die Lusitania sei das schnellste Schiff auf dem Nordatlantik und kein deutsches Schiff oder U-Boot könne sie einholen. Die Reporter umringten auch die an Bord gehenden Passagiere, um ihnen Stellungnahmen zu entlocken. Noch während des Einschiffens erreichten neun Telegramme das Schiff, die an einige ausgewählte Passagiere wie Alfred Vanderbilt gerichtet waren. Alle Telegramme warnten die Passagiere und waren von dem Herausgeber des *Providence Journal* aufgegeben worden. Diese Zeitung war für antideutsche Hetze berühmt. Die Telegramme wurden den Passagieren nicht zugestellt. Die Stimmung unter den Passagieren war gereizt und einige baten das Kabinenpersonal ihr Gepäck nicht auszupacken. Dennoch ging niemand wieder von Bord.

Die Royal Navy wurde darüber informiert, dass die LUSITANIA in Liverpool erwartet wird und deutsche U-Boote zu dem Zeitpunkt vor der englischen Westküste operieren sollten. Von diesem Funkspruch erfuhr die Deutsche Admiralität. Sie informierte U 30, U 20 und U 27 darüber, dass große Truppentransporter an der West- und Südküste Englands zu erwarten seien. Die U-Boote liefen aus, um diese abzufangen. Am 28. und 29. April versenkte U 30 sechs Handelsschiffe, am Abend des 4. Mai wurde es von U 20 abgelöst, das sich an der Südküste Irlands in der Nähe des Fastnet Leuchtturms befand. Auf diese Position steuerte die LUSITANIA zu. Beide würden sich dort am nächsten Morgen begegnen.

Die englische U-Boot-Abwehr war durch die Verluste alarmiert und ging von einem ganzen Rudel deutscher U-Boote aus. Daher sollte der Kreuzer ORION nicht aus Davenport auslaufen und der Kreuzer COLOSSUS nicht aus dem Nordatlantik nach Großbritannien zurückkehren. Trotzdem wurde die LUSITANIA nicht über Funk gewarnt. Als Geleit sollte der alte Kreuzer JUNO die LUSITANIA in der Nähe von Fastnet Rock empfangen. Am 5. Mai um 9.00 Uhr morgens wurde U 20 wenige Meilen nordwestlich von Fastnet Rock gesehen. In der Nähe stand auch der Kreuzer JUNO. Diesem wurde jedoch gegen Mittag befohlen, nach Queenstown zurückzulaufen. Vielleicht spielt bei dieser Entscheidung eine Rolle, dass der Kreuzer einem U-Bootangriff nicht gewachsen wäre. Ahnungslos steuerte Kapitän Turner die LUSITANIA in die Nähe von U 20. Für die Sicherung der irischen Südküste war der in Queenstown stationierte Admiral Coke zuständig. Er sollte die LUSITANIA so gut es ging zu schützen.

Die britische Admiralität kannte die genaue Position von U 20 und der LUSITANIA. Am Morgen gab es eine Diskussion über den Angriff von U 30 auf den Tanker GULFIGHT. Dieser wurde vom deutschen Kommandanten nach einem Torpedoabschuss abgebrochen, als er die Flagge der USA am Heck des Tankers erkannte. Zwar sank das Schiff nicht, aber zwei Seemänner sprangen über Bord und ertranken. Der Kapitän verstarb durch einen Herzinfarkt. So kamen erstmals US-Amerikaner durch einen U-Bootangriff ums Leben. Dies führte zu einem Aufschrei in der Presse. Zudem wurden eine Anzeige mit der Warnung mit der LUSITANIA nach Europa zu fahren auch in London veröffentlicht. Es war also jedem klar, welche Gefahr für die Menschen an Bord der LUSITANIA bestand.

Es kamen für die beiden Entscheidungsträger Winston Churchill und den alten First Sealord Fisher nur zwei Möglichkeiten infrage: Entweder unterschätzten sie die Gefahr, oder Churchill sah sich kurz vor seinem Ziel durch einen deutschen U-Bootangriff die USA zum Kriegseintritt zu bringen. Zusammen mit Commander Kenworthy gab es eine Besprechung zur Lage. In seinen Aufzeichnungen heißt es *„Die LUSITANIA wurde bei beträchtlich verminderter Geschwindigkeit bewusst in eine Zone geschickt, in der bekanntermaßen ein U-Boot lauerte.“* Es sah so aus, als ließe London es drauf ankommen. Dagegen versuchte Admiral Coke die LUSITANIA zu schützen, hatte aber dafür nicht die geeigneten Mittel.

Am 5. Mai um 17.30 Uhr versenkte U 20 den Schoner EARL OF LATHOM 12 Seemeilen südwestlich vom Old Head of Kinsale, nachdem die Besatzung in die Boote gegangen war. Am Abend versuchte U 20 einen Dampfer anzugreifen, der aber durch aufkommenden Nebel entkam. Beide Angriffe wurden Admiral Coke in Queenstown gemeldet. Am 6. Mai versenkte U 20 die Dampfer CANDIDATE und Centurion, ohne dass es dabei Tote gab. Die Admiralität ordnete daraufhin keine Gegenmaßnahmen an, nur Admiral Coke sendete abends um 19.25 Uhr einen Funkspruch an die Lusitania *„Unterseeboote vor der Südküste Irlands“*. Kapitän Turner reduzierte daraufhin die Geschwindigkeit so, dass er Fastnet Rock bei Dunkelheit mit 25 Seemeilen Abstand passieren würde. Da ihn der Kreuzer JUNO empfangen sollte, wollte er diesen nicht verpassen. Er war nicht darüber informiert worden, dass dieser bereits hundert Seemeilen entfernt war und nach Queenstown lief. Turner ließ die Rettungsboote ausschwenken und alle für den Schiffsbetrieb nicht notwendigen wasserdichten Schotte schließen. Die Passagiere waren besorgt und fragten nach den Gründen für diese Maßnahmen.

Am Morgen des 7. Mai suchte Kapitän Turner vergeblich die Juno. U 20 war zu diesem Zeitpunkt 120 Seemeilen entfernt und wollte an Fastnet vorbei und um Irland herum die Heimreise antreten. Das Boot wurde an diesem Morgen mehrmals gesichtet. Daher wiederholte Admiral Coke seine U-Bootwarnung. Diesmal gab er eine genaue Position 20 Seemeilen südlich vom Feuerschiff Coningberg an. Die Lusitania bestätigte den Empfang.

Coke bat die Admiralität, die Lusitania nach Queenstown umzuleiten. Dieser Bitte wurde nicht nachgegangen. Obwohl die Admiralität bestritt, die Lusitania umgeleitet zu haben, blieb Kapitän Turner bis zu seinem Tod bei der Aussage, er sei über Funk angewiesen worden nach Queenstown zu laufen. Um 12.15 Uhr drehte die Lusitania so stark nach Backbord in Richtung Küste, dass einige Passagiere umfielen und in der Kombüse ein Chaos entstand. Das Schiff lief auf die irische Küste zu.

Der Untergang

Um 13.20 Uhr sichtete der Kommandant von U 20, Schwieger, in 14 Seemeilen Entfernung Steuerbord voraus eine Rauchfahne. Kurz darauf waren vier Schornsteine eines großen Ozeandampfers zu erkennen. Um sich in eine gute Angriffsposition zu bringen, tauchte U 20 und fuhr längsseits voraus an sein Angriffsziel heran. Schwieger rechnete damit, dass das Schiff seinen Kurs nach Steuerbord änderte, um nach Queenstown zu fahren. Dies wäre für einen Schuss von der Seite ideal. Anhand der Marineseebücher konnte festgestellt werden, dass es sich um die Lusitania oder die Mauretania handelte. Beides waren bewaffnete Hilfskreuzer, die für Truppentransporte genutzt wurden.

An Bord der Lusitania machte Kapitän Turner den Leuchtturm Old Head of Kinsale aus. Er befahl eine Kursänderung nach Steuerbord, um nach Queenstown zu laufen.

Schwieger gab Feuererlaubnis, als der Bug des Schiffes das Fadenkreuz seiner Peiloptik deckte, denn so könnte er den ersten Kesselraum treffen.

Er vermerkt im Logbuch:

„2.35 pm

Der Dampfer dreht Steuerbord, nimmt Kurs auf Queenstown und ermöglicht so eine Annäherung zum Schuß. Bis 3 pm Hohe Fahrt gelaufen, um eine vorliche Stellung zu bekommen.

3.10 pm

Reiner Bugschuß auf 700 m (G-Torpedo, 3 m Tiefeneinstellung), Schneidungswinkel 90°, geschätzte Fahrt 22 sm. Schuß trifft Steuerbordseite dicht hinter Brücke."

Schwieger war erstaunt über die Wirkung des Torpedos. Üblicherweise waren es deutsche U-Bootkommandanten gewohnt, dass der erste Torpedo keine große Wirkung erzielte. Weiter vermerkte er:

„Es erfolgt eine außergewöhnliche Detonation mit einer sehr starken Sprengwolke (weit über den vorderen Schornstein hinaus). Es muß zur Explosion des Torpedos noch eine zweite hinzugekommen sein (Kessel oder Kohle oder Pulver?). Die Aufbauten über dem Treffpunkt und die Brücke werden auseinander gerissen, es entsteht Feuer, der Qualm hüllt die hohe Brücke ein. Das Schiff stoppt sofort und bekommt sehr schnell eine große Schlagseite nach Steuerbord, gleichzeitig vorn tiefer tauchend. Es hat den Anschein, als wollte es in kurzer Zeit kentern. Auf dem Schiff entsteht große Verwirrung; die Boote werden klar gemacht und zum Teil zu Wasser gelassen. Hierbei muß vielfach Kopflosigkeit geherrscht haben; manche Boote vollbesetzt, rauschen von oben kommen mit dem Bug oder mit dem Heck zuerst ins Wasser und schlagen sofort voll."

Überlebende aus den Kesselräumen sagten später aus, dass kein Kessel explodiert war. Taucher stellten fest, dass der Bug durch eine innere Explosion herausgerissen wurde. Im Umfeld des Wracks lagen von innen durchgebogene Bugplatten. Die Explosion kann von der geladenen Munition verursacht worden sein. Die Ursache der Explosion könnte von der britischen Admiralität wahrscheinlich anhand von Aufzeichnungen geklärt werden. Die Geheimhaltung lässt die Vermutung zu, dass Konterbande explodierte, die nach amerikanischem Gesetz niemals auf einem Passagierschiff hätte transportiert werden dürfen.

Kapitän Turner befahl volle Fahrt zurück, um die Querschotten zu entlasten, auf denen ein enormer Wasserdruck lastete. Ein Zuwasserlassen der Boote war mit viel Fahrt im Schiff unmöglich. Aufgrund der Schlagseite waren auf der Backbordseite diese gegen und zum Teil auch über die Reling gedrückt worden. Die auf der Steuerbordseite hingen dagegen weit nach außen. Die meisten Boote der Backbordseite wurden schnell von in Panik geratenen Passagieren besetzt, die sich weigerten, diese wieder zu verlassen. Das war aber nötig, um die Boote über die Reling nach außenbords drücken zu können. Die Sicherungen wurden meist dennoch gelöst, so dass die vollen Boote über das Deck schräg nach vorne gegen den Aufbau rutschten. Dabei zerquetschten sie Menschen, die an Deck standen. Auf der Steuerbordseite hingen die Boote fast zwei Meter vom Deck entfernt außenbords. Es konnten zwar fast alle zu Wasser gelassen werden, die Passagiere hatten jedoch Angst einzusteigen, daher wurden einige fast leer zu Wasser gelassen. Vor Auslaufen des Schiffes ist zwar ein Bootsmanöver im Logbuch vermerkt worden. Dies konnte jedoch nicht vollständig durchgeführt werden, da zu diesem Zeitpunkt Kohleleichter zum Bunkern längsseits lagen.

Beim Umsteuern der Maschine auf Rückwärtsfahrt platzte eine Dampfleitung. Die Maschine lief deshalb weiterhin voll voraus. Daher wurde befohlen, erst die Boote herunterzulassen, wenn das Schiff langsam genug war. Um 14.15 Uhr funkte die Lusitania S.O.S. Direkt nachdem der S.O.S. Funkspruch empfangen wurde, beorderte Admiral Coke aus Queenstown den jetzt im Hafen liegenden Kreuzer Juno und *„alles was sich über Wasser halten konnte“* zur Untergangsstelle.

Doch in der Admiralität reagierte Lord Fisher ganz anders auf den Hilferuf. Er wusste davon, dass Admiral Coke die Juno losgeschickt hatte. Als sie die schwimmenden Trümmer der Lusitania erreichte, erhielt der Kreuzer von Fisher das Kommando nach Queenstown zurückzulaufen. Er fürchtete weitere U-Bootangriffe.

Bereits nach nur vier Minuten war das Vorderdeck der Lusitania komplett überflutet. Da die Maschinen noch volle Fahrt liefen bohrte sich das Schiff regelrecht ins Wasser. Kapitän Turner versuchte, das Schiff auf das Kap Old Head of Kinsale zu steuern, aber das Schiff drehte sich nicht mehr, da der Bug bereits unter Wasser und die Ruder fast komplett ausgetaucht waren. Zehn Minuten nach dem Torpedotreffer gab Kapitän Turner die Lusitania auf und ließ ungeachtet der Fahrt im Schiff die restlichen Boote zu Wasser.

Das Schiff verlor erst an Fahrt als die beiden Propeller austauchten. Kurz danach stieß der Bug der Lusitania auf Grund, wodurch die Schlagseite nicht mehr weiter zunahm und die Gefahr des Kenterns gebannt war. Kurz bevor das Heck versank, explodierte der dritte Kessel und als sich die Rauchwolke lichtete, war von der Lusitania nichts mehr zu sehen. Seit dem Torpedotreffer waren nur 18 Minuten vergangen. An der Unglücksstelle trieben nur sechs der 48 Rettungsboote. Beim Untergang kamen 1198 Menschen ums Leben.

Kapitän Wiliam Turner © Library of Congress

Ein Aufschrei in der Presse

Mit dem Untergang der LUSITANIA lief in Großbritannien und Deutschland die Kriegspropganda auf Hochtouren. Alle Funksprüche unterlagen der Zensur. Trotzdem gelangten verfälschte Funksprüche an die Presse. Unter anderem wurde der Befehl, die JUNO abzuziehen, bestritten. Kapitän Turner beschwerte sich bei Admiral Coke bitter darüber, dass die JUNO nicht zur Hilfe kam. Dass die LUSITANIA ohne Geleitschutz fuhr, war der Nährboden für zahlreiche Verschwörungstheorien. Daher bildete sich schnell eine Legende. Es dauerte Jahrzehnte, bis die Geheimhaltung der Archive aufgehoben war. Eine objektive Darstellung der Ereignisse ermöglichte erst Colin Simpson. Dessen Buch „Die LUSITANIA" ist hier zusammengefasst wiedergeben.

Sowohl in England, Deutschland und den USA war mit einem sofortigen Kriegseintritt der USA gerechnet worden. Bis zu diesem vergingen aber noch fast zwei Jahre. Die Sachverständigen teilten Präsident Wilson mit, dass der Grund für den ungewöhnlich schnellen Untergang des Schiffes sehr wohl explodierte Konterbande sein konnte. Auch ging aus den Ladepapieren hervor, dass fast die gesamte Ladung aus Konterbande und Munition bestand. Von englischer Seite aus wurde alles getan, um abzustreiten, dass die LUSITANIA bewaffnet war oder Munition an Bord hatte. Auf deutscher Seite wurde die Versenkung in nationalen Kreisen als Erfolg gefeiert. In angesehenen Zeitungen und in der Politik wurde mit einem sofortigen Kriegseintritt der USA gerechnet.

Gegen Kapitän Turner wurden unglaubliche Anschuldigungen erhoben. Am gemeinsten war die, dass er ein deutscher Spion sei. Für Sealord Fisher stand fest, dass Cunard sicher keinen unfähigen Mann eingestellt hat, daher musste Turner ein Verräter sein. Dies ist eine einfache Erklärung für ein sehr komplexes Ereignis. Fisher hoffte auf die sofortige Verhaftung von Turner. Winston Churchill war damit einverstanden, den Kapitän der LUSITANIA für die Tragödie verantwortlich zu machen, um davon abzulenken, dass die Royal Navy bei deren Schutz versagt hatte.

Bemerkenswerterweise war es nicht das Ziel der englischen Regierung, die USA zu einem Kriegseintritt zu bewegen. Im Gegenteil: Das englische Außenministerium wies den britischen Botschafter Sir Cecil Spring-Rice in Washington an darauf hinzuarbeiten, dass die USA neutral blieben und auch in Zukunft England als Nachschub- und Kreditquelle zur Verfügung stünden. Dahinter stand die Angst, die USA könne England als Weltmacht abzulösen. Es traten wieder die alten Konflikte zwischen England und den USA in den Vordergrund. Der amerikanische Botschafter Page in England telegrafierte: *„Das aristokratische Ele-*

ment in England, das gesellschaftliche und Regierungsprivilegien genießen und das ist, was wir reaktionär nennen würden, erhofft sich bewusst oder unbewusst amerikanische Untätigkeit, damit sein Misstrauen gegenüber demokratischen Institutionen gerechtfertigt wird. Diese Kreise glauben Großbritannien werde aus dem Krieg mächtiger denn je hervorgehen, und sie sind der Ansicht, dass die USA in der Welt so wenig Einfluss wie möglich haben sollten."

Die von Page genannten konservativen Kreise sind die Feinde von Winston Churchill, der damals als „junger Wilder" gegen diese Kreise kämpfte. Sein Ziel war es, die USA zum Kriegseintritt zu bewegen. England hatte sich seit Kriegsbeginn bei den USA so stark verschuldet, dass es nach dem Krieg für Generationen die Schulden zurückzahlen müsste und auf jeden Fall geschwächt sein würde. An der Wall Street herrschte die Meinung, dass die USA es sich nicht leisten könnten, dass England den Krieg verliert. J. P. Morgan war mit seinem Wirtschaftsimperium einer der größten Befürworter eines Kriegseintritts der USA. Die nötige Zustimmung des Kongresses zu einem Kriegseintritt war sehr unwahrscheinlich, da es eine lange Tradition gab, sich aus Konflikten in Europa herauszuhalten. Seit dem 29. März 1916 hingen in Großbritannien Plakate mit dem Aufruf „*Rächt die Lusitania*" aus. Interessanterweise gab es einen geheimen Kontakt zwischen Flottenadmiral Lord Fisher und dem deutschen Großadmiral Tirpitz. Fisher schrieb Tirpitz: „*Ich mache Ihnen keinen Vorwurf wegen dieser U-Boot-Sache. Ich hätte an Ihrer Stelle auch so gehandelt.*"

Bei der Untersuchung des Untergangs wurden Zeugenberichte, die die wahren Gründe des Untergangs ans Licht bringen könnten, zurückgehalten. Vorsitzender war Lord Mersey, der durch die Untersuchung zum Untergang der Titanic berühmt geworden war. Er hatte Schwächen in der Konstruktion der Titanic aufgedeckt und somit wichtige Aspekte zur Entwicklung der Schiffssicherheit beigetragen. Dagegen hatte er während der Lusitania-Untersuchung hauptsächlich versucht, die Wahrheit über die Ladung, die zweite Explosion, sowie die Konstruktionsschwächen des Schiffes zu vertuschen. Es war keine Untersuchung, sondern ein politisch getriebener Versuch, die Tatsachen zu verschleiern. Schadensersatzklagen gegen Cunard bemängelten Fahrlässigkeit der Cunard Line, teilweise Baumängel, Munition und kanadische Truppen an Bord. Immerhin wurde Kapitän Turner bestätigt, dass er richtig gehandelt hatte. Lord Mersey offenbarte später seinen Kindern, dass „*der Lusitania-Fall eine verdammt schmutzige Angelegenheit*" war.

Zurückhaltung in den USA

Die US-Regierung sendete zwar eine Protestnote an Deutschland, mit weiteren Reaktionen hielt man sich zurück, da im November 1916 die Wahlen anstanden. Präsident Wilson war immer mehr unter Druck geraten und zog einen Kriegseintritt in Erwägung, um die Wahl zu gewinnen. Im Sommer 1916 wich die Skepsis gegen einen Eintritt in den Ersten Weltkrieg einem zunehmenden Hass auf die Deutschen. Der Grund hierfür war ein Terroranschlag, bei dem sogar mit der Freiheitsstatute ein Nationalheiligtum der USA beschädigt wurde: Am 30. Juli sprengten deutsche Agenten den Black Tom Island Pier in Jersey City (New Jersey) in die Luft. Dort wurden Munitionsgüter aus dem Nordosten der USA, die für den europäischen Kriegsschauplatz bestimmt waren, umgeladen. Eine Reihe kleinerer Brände griffen auf Munitionsgüter über. In einer Kettenreaktion kam es zu mehreren Explosionen, die bis Philadelphia zu hören waren. Am ca. 20 Kilometer entfernten Time Square gingen die Fensterscheiben zu Bruch, die Freiheitsstatue wurde von Metallsplittern getroffen und Ellis Island wurde sicherheitshalber evakuiert. Durch den Anschlag explodierten 1.000 Tonnen Munition und sieben Menschen starben.

Wilson schlug schließlich eine Friedenskonferenz vor, die an Deutschland unannehmbare Friedensbedingungen stellte. Sollte Deutschland sich weigern diese anzunehmen, würde er dem Kaiserreich den Krieg erklären. Er wartete nur noch auf eine passende Gelegenheit.

Bereits im Februar 1915 drohte die Regierung Wilsons Deutschland für amerikanische Opfer des U-Boot-Krieges zur Verantwortung zu ziehen. Sie war deshalb nach dem Untergang der LUSITANIA zum Handeln gezwungen. Wilsons Vorgänger Theodor Roosevelt war für den Eintritt der USA in den Ersten Weltkrieg. Er verachtete Wilson als Schwächling. Trotz der allgemeinen Empörung nach der Versenkung der LUSITANIA war die Mehrheit der US-Bürger aber nicht für einen Kriegseintritt. In Deutschland versuchte die Reichsleitung, den Kriegseintritt der USA zu vermeiden, obwohl die Kaiserliche Marine auf eine Verschärfung des U-Boot-Krieges drängte.

Die deutsche Regierung hoffte auf eine Friedensinitiative Wilsons. Wenn diese ausbleiben würde, würde sie durch die Kaiserliche Marine gezwungen sein den uneingeschränkten U-Boot-Krieg aufzunehmen. Einen Frieden akzeptierten die Alliierten nur, wenn es zu einer territorialen Neuordnung Europas käme und die Deutschen erhebliche finanzielle Wiedergutmachung zahlen würden. Am 22. Januar 1917 hielt Wilson vor dem Senat eine Rede, in der er einen „Frieden ohne Sieg“ forderte. Das alte Gleichgewicht der Mächte müsste durch ein neues

Gleichgewicht des Friedens ersetzt werden. Es war die Idee zur Gründung des Völkerbundes.

Das Deutsche Kaiserreich wollte jedoch an der alten Weltordnung festhalten und reagierte daher auf diesen Friedensappel mit der Aufnahme des uneingeschränkten U-Boot-Krieges. Hochmütig nahmen die Deutschen einen Kriegseintritt der USA in Kauf, und einige dachten, Wilson würde vor diesem zurückschrecken. Viele deutsche Militärs meinten, bevor die USA ihre militärischen Kräfte nach Europa gebracht hätten, wäre der Krieg schon durch die deutschen U-Boote entschieden worden. Dies war eine fatale Unterschätzung der US-Navy, der es nach Kriegseintritt gelang, enorm viele Soldaten und Kriegsgeräte nach Europa zu bringen. In Deutschland wurde die Neutralität der USA ohnehin als Farce angesehen. Wilson konnte sich kaum noch gegen die Kriegsbefürworter in seinem Land durchsetzen.

Wilson musste reagieren

Am 1. März 1917 wurde in den USA eine brisante Depesche bekannt. In dieser hatte Arthur Zimmermann, deutscher Staatssekretär des Äußeren, Mexiko ein geheimes Bündnis angeboten für den Fall, dass die USA in den Ersten Weltkrieg eintreten würden. Mexiko wurde die Rückgewinnung der US-Bundesstaaten Texas, Arizona und Neu Mexiko versprochen. Die Depesche von Zimmermann war derart naiv, dass prodeutsche Amerikaner sie für eine Fälschung hielten. Entgegen vielen Erwartungen hielt Wilson an seinem Friedenswillen fest. Als Mitte März drei amerikanische Frachter von deutschen U-Booten versenkt wurden, kippte die Stimmung in den USA und Wilson musste nachgeben. Am 2. April 1917 verkündete Wilson vor dem Kongress den Eintritt der Vereinigten Staaten von Amerika in den Ersten Weltkrieg. Eine ausführliche Darstellung der Gründe, die Wilson dazu bewogen, schildert Manfred Berg in seinem Buch „Woodrow Wilson – Amerika und die Neuordnung der Welt".

Damit begann in den USA eine Hysterie gegen alles Deutsche. Sie wurden gezwungen, ihre Identität abzulegen und die deutsche Spräche und Kultur geächtet. Die Diskussion für und gegen den Eintritt der USA in den Ersten Weltkrieg prägte zwei Jahre lang die öffentliche Diskussion in den Vereinigten Staaten. Diese fand auch innerhalb der US-Navy mit ihren vielen deutschstämmigen Angehörigen statt. Insgesamt waren zu Beginn des 20. Jahrhunderts 15 % der amerikanischen Bevölkerung nicht in den USA geboren. Die US-Navy war ein Schmelztiegel der Nationen. Dies führte in Konflikten immer wieder zu Desertationen. Während des Spanisch-Amerikanischen Krieges 1898 desertierten vor der Schlacht in der Manilabucht 150 amerikanische Soldaten. Während des Ersten Weltkrieges machte die USS Rochester Schlagzeilen, als ein Heizer wegen Landesverrates angeklagt wurde.

Nach dem Verschwinden der USS Cyclops machte vor allem dessen deutschstämmiger Kapitän George W. Worley Schlagzeilen. Er hatte eine pro deutsche Clique um sich geschart. Neben deutschstämmigen zählten dazu auch Männer, deren Herkunftsländer mit Deutschland verbündet waren.

Auf der anderen Seite gab es eine – wesentlich größere – Gruppe an Bord, die antideutsch eingestellt war. Auf Grund dessen kam es zu Reibereien zwischen den beiden Lagern.

George W. Worley – ein Leben wie ein Romanheld von Jack London

Kapitän George W. Worleys vielschichtige Persönlichkeit bildet den Nährboden für Mythen und Verschwörungstheorien über das Verschwinden der USS Cyclops. Er war ein mürrischer Exzentriker, der jedem auffiel. Bei allen seinen Macken und merkwürdigem Verhalten stellte aber kaum jemand seine seemännischen Fähigkeiten infrage. Nur über seine eigenartige Art zu navigieren wunderten sich viele. Über seine Herkunft und Karriere machte er häufig unterschiedliche Angaben und schuf so seinen eigenen Mythos. Sein Leben glich dem einer Romanfigur von Jack London.

Über seinen Geburtsort machte er verschiedene Angaben. Nach einigen Quellen wurde Worley unter dem Namen Johann Frederick Wichmann im heutigen östlichen Niedersachsen irgendwo in der Region zwischen Celle und Hannover geboren. Er gab aber auch San Francisco als seinen Geburtsort an.

Die nach seinem Verschwinden erfolgte Untersuchung der US-Navy ergab Folgendes: George W. Worley wurde im Dezember 1862 als Johann Frederick Wichmann in Sandstadt (Provinz Hannover) geboren. Mit dem Geburtsort Sandstadt könnte Sandstedt an der Unterweser gemeint sein. Dies gehörte 1865 zum Königreich Hannover. Mit 13 Jahren ging er auf ein Schiff nach New York und tauchte dann später in San Francisco wieder auf, wo seine älteren Brüder lebten. Während der Untersuchung entsandte der Marinenachrichtendienst Robert Burrous nach San Francisco, um Näheres über George Worley zu erfahren. Wenn er diesen Namen erwähnte, wurde ihm meistens *„ach, Sie meinen Fred Wichmann“* entgegnet. Jemand konnte ihm sagen, dass Worley als Johann Frederick Wichmann in Deutschland geboren wurde. Seine Schwester A. M. Angermann, sein Bruder Hermann und seine Schwägerin Minni Wichmann lebten noch in San Francisco. Burrous besuchte sie und brachte in Erfahrung, dass alle drei gebürtige Deutsche und daher sehr deutschfreundlich waren. Seit acht Jahren hatten sie keinen Kontakt zu George, sondern nur zu seiner Frau. Frau Angermanns Sohn war Sanitäter in der US-Armee. Bei Burrous hinterließ die Familie wohl keinen sonderlich guten Eindruck – er berichtete, dass die Familie wenig soziale Kontakte hatte und nicht sehr intelligent war. Aus seinem Bericht geht auch hervor, das Worley jahrelang als Fred Wichmann in San Francisco lebte und perfektes Englisch und nie deutsch sprach. Er soll 1877 in New York von einem Schiff, auf dem er als Kabinenjunge gearbeitet hatte, geflüchtet sein. Von New York aus reiste er nach San Francisco, wo seine Brüder lebten. In San Francisco tobte damals das

Leben und das darauffolgende Jahrzehnt ist als die „Naughty Nineties“ (frechen 90er) in die Geschichte der Stadt eingegangen. San Francisco war die größte Hafenstadt in Kalifornien und durch den Goldrausch und den Handel mit China reich geworden. Daher war die Stadt damals voller Seeleute, die es in den Kneipen und Bars ordentlich krachen ließen. Die Hügel um die Bucht waren gesäumt von prachtvollen viktorianischen Herrenhäusern. Es war das Venedig von Kalifornien. Dort schlug Worley sich mit einigen Jobs durch, bis er Mitbegründer der Firma Wichman, Lutgens & Co. Importers and Destillers Agents wurde. Der Geschäftsführer der Firma erklärte, dass immer wieder Dinge verschwanden, solange er dort arbeitete. Schon in jungen Jahren entwickelte Worley eine Vorliebe für Alkohol und eröffnete um 1891 eine Kneipe in der Clay and Polk Street. Dort spielte er mit manipulierten Karten. Nachdem er seine Bar aufgeben musste, begann er Nautik zu studieren, aber wohl nicht ganz erfolgreich. 1893 oder 1894 eröffnete er ein Lebensmittelgeschäft, das er jedoch nicht lange behielt.

George Worley © Naval History and Heritage Command - NH 119598

Der Kontrast zu den glamourösen Teilen der Stadt war die Barbery Coast an den Docks. Dort fanden Seeleute alles, was sie brauchten. So auch eine Kneipe, die „Captain Wichman‘s Roadhouse“ hieß und Wichmann gehörte.

Der Name trug etwas dick auf, schließlich war er nur kurz als Kabinenjunge zur See gefahren und hatte begonnen, Nautik zu studieren. Die Kneipe war zwar unter den Seeleuten sehr beliebt, aber der Eigentümer hatte wenig Geschäftssinn. Er trank nicht weniger als seine Gäste und es dauerte nicht lange, bis die Ausgaben die Einnahmen weit überstiegen. Er versuchte, diese Verluste durch manipulierte Kartenspiele in Hinterzimmern wieder auszugleichen. Das verschaffte ihm kein gutes Ansehen und er blieb ein sonderbarer Außenseiter, in dessen Kneipe die hoffnungslosesten Gestalten verkehrten. Seine Bar war alles andere als lukrativ. Dies war wahrscheinlich der Grund dafür, der ihn wieder zur See trieb.

Plötzlicher Namenswechsel

Nachdem er in finanzielle Schwierigkeiten geraten war, fuhr er 1893 wieder zur See. Angeblich direkt als nautischer Offizier auf der Luxusyacht DETOLNA, die dem österreichischem Grafen Rudolf Festetics de Tolna gehörte. Statt die ganze geplante Reise mitzumachen, wurde Worley in Hawaii von Bord geschickt. Es könnte sein, dass Worley beim Schmuggel von Opium erwischt und deshalb an Land gesetzt wurde. Später half Worley als Maat den Schooner ALOHA zu den Phillipinen zu verholen. Auf der Hinreise nannte er sich noch Fred Wichmann. Als er 1898 von dort zurückkam, nannte er sich George W. Worley. Ein Jahr später taucht sein Name in der Personalliste des Marinehilfsdienstes auf – als Nautischer Offizier auf dem Transportschiff ST. MARK. Dies war ein ziviles Schiff, das für den Spanisch-amerikanischen Krieg von der Marine zur Versorgung der Flotte während der Schlacht von Manila gechartert wurde. Soweit die Untersuchungsergebnisse der US-Navy. Nach dem amerikanischen Gian. J. Quasar übernahm er die Identität des verstorbenen Kapitäns George Worley. Angehörige von ihm erzählten, das W sollte für seinen alten Namen Wichmann stehen. Worleys Neffe Ewald Angermann, der Leutnant der US-Navy war, sagte aus, dass sein Onkel den Namen wechselte, da er nicht immer als „dutchmann“ bezeichnet werden wollte und dass George Worley der Name eines alten Kapitäns war, mit dem er früher befreundet war.

Der US-Navy war vor der Untersuchung kein anderer Name als George Wichman Worley bekannt. Ob Worley US-Bürger wurde, lässt sich nicht nachvollziehen, da durch das Erdbeben in San Francisco von 1906 viele Unterlagen zerstört wurden. Er hatte dann schließlich im Marinehilfsdienst anfangen. Dieser bestand aus Kohlentransportschiffen, Frachtern und Lazarettschiffen. Diese Schiffe wurden nicht mit Personal von der Marine bemannt. Stattdessen bestanden die Besatzungen aus wild zusammengesammelten Seeleuten. Diese mussten auch nicht amerikanische Staatsbürger sein. Mit dem Ausbruch des Spanisch-Amerikanischen Kriegs 1898 wurde Worley zum Leutnant befördert. Er trat seinen Dienst auf dem Rahsegler The Mark an, der die Flotte während der Schlacht in der Manilabucht mit Kohle versorgte. In dieser Schlacht vernichtete die Asienflotte der USA die spanische Pazifikflotte. Erst nach Ausbruch des Ersten Weltkrieges kamen die Schiffe des Marinehilfsdienstes offiziell zur Marine. Die Offiziere und Mannschaften wurden der Marinereserve unterstellt.

Worley wurde offiziell im Mai 1900 Angehöriger der US-Navy, als er seinen Dienst als Erster Offizier auf dem Kohlentransportschiff Nero des Marinehilfsdienstes antrat. Auf der St. Mark fuhr er als Nautischer Offizier. Vorher hatte er nur eine Reise als Schiffsjunge und eine als Maat gemacht. Das legt nahe, dass er die Identität eines verstorbenen Seemanns angenommen hatte. Anders ist dieser steile Karriereschritt nicht zu erklären. Es könnte auch sein, dass er seinen Namen ändern musste, nachdem er in einen Mord verwickelt gewesen war.

Die Kohlentransportschiffe waren schwarze, schmutzige Schiffe, die ebenso verwahrloste Seeleute anzogen. In diesem Umfeld fühlte Worley sich wohl, sodass er bis zum Ende seines Lebens Kohlentransportschiffe kommandierte. 1905 wurde er zum Kapitän des Colliers Leonidas befördert. Im Februar 1906 heiratete er seine Frau Selma Schold aus Bremerton in Washington. Auch wenn Worley ein strenger und zum Teil brutaler Vorgesetzter war, schien er zugleich ein liebevoller Ehemann und Vater zu sein. Seine Frau erhielt regelmäßig Briefe von ihm. Auf dem Collier Abarenda, den Worley ab 1907 führte, stand seine Führung unter keinem guten Stern. An Bord dieses Schiffes ermordete ein Besatzungsmitglied mit dem Namen Dixon den Ersten Offizier. Dixon wurde vor Gericht freigesprochen, da das Gericht die Tat als Notwehr sah. Auch wenn Worley mit dem Mord direkt nichts zu tun hatte, bemängelte das Seegericht die schlechte Disziplin an Bord und entließ ihn 1908. Grund hierfür waren Aussagen von Besatzungsmitgliedern über seinen brutalen Führungsstil. Offensichtlich war Worley zu sehr geprägt durch den menschenverachtenden Ton, der auf Segelschiffen herrschte. Mit dem Umbruch zur Dampfschifffahrt wurde der Führungsstil jedoch menschlicher. Zudem zogen Dampfschiffe auch Quereinsteiger an, die vorher an Land andere Berufe hatten und daher einen anderen Umgang gewohnt waren. Auf Segelschiffen fuhren dagegen meist Seeleute, die von Kindesbeinen an zur See fuhren.

Es gelang Worley aber noch im selben Jahr wieder in den Dienst aufgenommen zu werden. Im Mai 1909 wurde er Kapitän auf dem Kohlentransportschiff Mars. Während der Untersuchung sagte der Heizer H. R. Treador aus, dass er sich weigerte auf der Mars anzuheuern, nachdem er erfahren hatte, das Worley sein Kapitän sein würde. Er wusste, dass Worley häufig betrunken war. Treador war auch in der Nähe, als der Erste Offizier Witchard der Abarenda ermordet wurde. Seiner Meinung nach war der Mord eine Verwechslung – eigentlich sollte Worley ermordet werden. Außerdem war Witchard angeblich ein Verwandter von Worley und ist in demselben Ort geboren worden wie er. Ende 1909 wurde Worley auf das Kohlentransportschiff Prometheus versetzt.

Als im Dezember 1910 mit der Cyclops, das bisher größte Kohlentransportschiff der US-Navy in Dienst gestellt wurde, wurde Worley deren Kapitän. Er stand erstmals im Mittelpunkt des öffentlichen Interesses, denn die Cyclops war der Stolz der US-Navy und wurde in vielen Zeitungen ausführlich vorgestellt. Worley stellte schon auf seinen ersten Fahrten fest, dass das Schiff sehr stark rollte und stampfte. Einmal holte es sogar 47° über. Dennoch versah das Schiff zuverlässig seinen Dienst. Der Chefingenieur Samuel Dowdy war von der Cyclops so begeistert, dass er in der Zeitschrift *American Marine Engineer* einen Artikel mit der Überschrift „Die hervorragenden Leistungen des Marinehilfsschiffes Cyclops“ veröffentlichte. Worley hatte sich mittlerweile den Ruf eines guten Kapitäns erarbeitet, der aber auch hart und manchmal sogar grausam zu seinen Leuten war. Er konnte allerdings auch sehr hilfsbereit sein.

Ein Student aus Annapolis, der einige Reisen an Bord aushalf, bekam mit, wie Worley mit einem Schraubschlüssel in der Hand Kohlentrimmer von Deck trieb. Diese waren im Seegang aus Panik an Deck geflohen. Bei der Schlagseite, die das Schiff im Seegang bekam, musste man sehr gute Nerven haben, um als Trimmer weit unten im Schiff zu arbeiten.

Worley hatte aber auch eine hilfsbereite und fürsorgliche Seite und lieh seinen Leuten Kleidung oder auch Geld. Für diejenigen, die gut mit ihm klar kamen, hatte er immer ein Bier oder einen Whiskey. Sein Humor war eigenartig und brachte ihm Ärger mit dem Marineministerium ein. Als Worley einmal behauptete, einen Löwen an Bord zu halten, erhielt er dafür einen Verweis.

Seine Erinnerungen an Deutschland waren voller Wehmut, sogar Kaiser Wilhelm II soll einmal sein Schiff besucht haben. Nach Ausbruch des Ersten Weltkrieges machte Worley keinen Hehl daraus, dass er auf einen deutschen Sieg hoffte und lud Offiziere von deutschen Schiffen, die amerikanische Häfen anliefen, zu sich ein und bewirtete sie.

Darunter waren auch Offiziere des in den USA internierten Schiffes Prinz Eitel Friedrich. Dieses war ein ehemaliger Reichspostdampfer vom Norddeutschen Lloyd. Nach Kriegsausbruch wurde das Schiff in der in China gelegenen deutschen Kolonie Tsingtao zum Hilfskreuzer umgebaut. Es führte Handelskrieg, bis es sich im März 1915 in Newport News internieren ließ. Die PRINZ EITEL FRIEDRICH war ein Treffpunkt für deutsche Agenten.

Auf seinem Schiff trank Worley immer gerne einen mit deutschstämmigen Besatzungsmitgliedern, vor allem auf deutsche Siege. Weniger gut hatten es nicht deutschstämmige Besatzungsangehörige, die auf einen Sieg der Alliierten hofften. Diese mussten sich von Worley Belehrungen anhören und hatten unter ihm einen schweren Stand.

Nach dem Eintritt der USA in den Ersten Weltkrieg soll sich Worley zum überzeugten Amerikaner gewandelt haben. So ganz kann dies aber nicht stimmen, da es bei dem ersten Einsatz im Krieg ihm gegenüber Vorwürfe von Besatzungsmitgliedern gab. Schließlich war das ganze Land beim Kriegseintritt zutiefst gespalten.

Beschwerden der Besatzung

Die CYCLOPS war beim ersten Geleitzug amerikanischer Truppen, der die Erste Division nach Frankreich bringen sollte, dabei. Zu diesem Geleitzug zählten neben der CYCLOPS weitere 17 Transporter. Gesichert wurde der Konvoi von fünf Kreuzern, 13 Zerstörern und einer umgebauten Yacht. Nach diesem Einsatz kam es zu massiven Beschwerden der Mannschaft gegenüber ihrem Kapitän. Diese gipfelten schließlich in einer Petition, die an das Marineministerium geschickt wurde.

Von: den Unterzeichnenden

An: US Marineministerium

Betreff: Anfrage eines Untersuchungsausschußes USS CYCLOPS

Es wird verlangt einen Untersuchungsausschuß an Bord der USS Cyclops durchzuführen, um dem Marineministerium bekanntzugeben, dass George Worley, Kommandeur U.S.N.R.F. (United States Naval Reserve Force) der USS CYCLOPS, in der Meinung der Unterzeichnenden diesen Schreibens, aufgrund seiner Moral und Kompetenz nicht dazu geeignet ist, das Kommando auf einem Kriegsschiff oder eine Mannschaft kämpfender Soldaten der United States Marine zu führen.

1. *Es ist nachgewiesen, dass Kapitän Worley ein Mitglied der US-Navy auf das Übelste beleidigt hat*
2. *Es ist nachgewiesen, dass am 17. Juli 1917 gegen 21.00 Uhr Kapitän Worley betrunken an Deck kam*

3. *Es ist nachgewiesen, dass Kapitän Worley durch das oben genannte Verhalten das Leben von Angehörigen der US-Navy gefährdet und den Verlust seines Schiffes riskiert hat*
4. *Es ist nachgewiesen, dass während die USS Cyclops auf See war und die akute Gefahr von Angriffen durch feindliche U-Boote bestand, Kapitän Worley nicht imstande war, seinen Pflichten nachzukommen und damit auch nicht ein Kriegsschiff oder eine Mannschaft kämpfender Soldaten zu führen*

Gezeichnet:

W. F. Howard	*W. H. Duke*
J. F. Puckhaber	*L. Waff*
S. G. Dowdy	*John Callahanc*
D. D. Hale	*W. Roy Herbert*
Harry Sherrad	*J. B. McCormick*
R. Kyle	*Roy B. Swoveland*
J. E. Smith	*Juan Guillermo*
Charles G. Graves	*Andrea Salerno*
Geo. A. Landgren	*J. M. Daly*
Anthony Glowka	*John Butler*
Laurence Merkel	*Laurence F. Robinson*
Fred. L. Waddell	*H. Otis Ramsey*
W. D. Ward	*L. C. Day*
T. Carey	*W. H. West*
A. Poff	*W. A. Pope*
D. E. Lowman	*T. A. Lawrence*
J. O. Hall	*O. F. Hotchkiss*
L. Minch	*M. J. Elliot*
T. V. Lee	*G. W. Smith*

Die Beschwerden der Besatzung führten dazu, dass das Marineministerium eine Untersuchung der Vorwürfe anordnete. Es kam schließlich zu einer Anhörung an Bord, die von Kommandant William Whitted geführt wurde.

Die Vorwürfe gegen Worley wurden von den Unterzeichnenden vorgetragen. Quartiermeister George Landgren trug vor, dass es zu Essen einen ungewaschenen und stinkenden Fisch gegeben haben soll. Als sich die Besatzung darüber beim Kapitän beschwerte, soll er Landgren als Hurensohn bezeichnet und ihn zu zwei Tagen Arrest verurteilt haben. Dies bestritt Kapitän Worley. Dass der faule Fisch serviert wurde, sei ein Anzeichen dafür, dass der Proviant an Bord zu knapp war. Das wurde auch von verschiedenen Zeugen bestätigt. An Bord eines

Schiffes, wo es nur wenig Abwechslung für die Besatzung gibt, ist das Essen von entscheidender Bedeutung für die Stimmung. Die dürftigen Anschuldigungen des Quartiermeisters konnten Worley nicht gefährlich werden. Stattdessen nahm dieser den jungen Quartiersmeister geschickt ins Kreuzverhör. Er ahnte, dass die Anschuldigungen von seinem ärgsten Feind an Bord, dem Schiffsarzt Burt Asper, initiiert wurden und Landgren nur vorgeschoben wurde. Asper schickte seinen Auszubildenen mit der Petition gegen Worley über das Schiff, später wurde die Petition im Schiffshospital ausgehängt.

Als nächstes wurden die beiden Öler Duke und Dowdy verhört. Dowdy war der Sohn des Leitenden Ingenieurs, der am 1. August von Bord gegangen war und Worley als Trinker bezeichnet hatte. Alle Zeugen wurden von Whitted gefragt, wer sie dazu aufgefordert hat, die Petition zu unterzeichnen: Die meisten antworteten, dass Aspers Assistent Howard dies getan hätte. Daher war der Name Howard der Name, der während des Untersuchungsausschusses am häufigsten erwähnt wurde. Howard wurde von Asper genauso instrumentalisiert wie Landgren. Howard war zwar der erste Unterzeichner der Petition, dennoch war er während des Untersuchungsausschusses nicht anwesend. Burt Asper hatte geschickt dafür gesorgt, dass er vor Beginn des Untersuchungsausschusses versetzt wurde.

Die konkretesten Anschuldigungen brachte Willie E. Knight vor: *„Kapitän Worley war betrunken und scheuchte die Mannschaft umher. Er war während der Fahrt nach Frankreich betrunken und scheuchte die Offiziere von Backbord nach Steuerbord. In Newport, Rhode Island, war er zweimal betrunken, wenn ich mich richtig erinnere, war das 1916. Er war betrunken, als er vor unserer Fahrt nach Frankreich in New York an Bord kam. Schon als er die Gangway hoch kam begann er uns herumzuscheuchen. Die Offiziere raunzte er an, dass sie die verdammten Männer von der Gangway fernhalten sollten. Übrigens halte ich Kapitän Worley nicht dafür geeignet ein Schiff der US-Navy und deren Mannschaft gemäß den Regularien der Marine zu führen.“*

Weitere Zeugen beschuldigten Worley der Trinkerei und dass er die Positionslaternen mangelhaft gesetzt haben soll. Ein Vorwurf ging sogar so weit, dass er seine Topplichter umsetzte, um damit deutschen U-Booten Zeichen zu geben. Es wurde ein Kabel gefunden, dass zur Spitze des hinteren Masts führte und aus nautischer Sicht dort nicht vorgesehen war. Einmal soll er gedroht haben Rotterdam anzulaufen, um das Schiff an die Deutschen auszuliefern. Einige Besatzungsmitglieder sagten hingegen aus, dass sie gut mit Worley auskamen. Allerdings bevorteilte er beim Landgang Angehörige des Marinehilfsdienstes gegenüber denen der US-Navy. Als das Schiff einmal in New York lag, erhielten

Angehörige des Marinehilfsdienstes 2-3 Tage Urlaub, die der US-Navy nur fünf Stunden. Ähnlich war es auch, als die CYCLOPS in Frankreich war. Ein anderes Mal signalisierte das kommandoführende Schiff SEATTLE, dass es eine Nacht Urlaub für die gesamte Flotte gab. Worley ignorierte den Befehl. Gegen diese Vorwürfe stand die Aussage von Leutnant E. F. Robinson. Er sagte aus, dass es an Bord nicht auffällig viele Beschwerden gab. Wenn das Essen schlecht gewesen war, ist direkt neues gekocht worden. Soweit er wusste, wurden allen Urlaub gewährt. In Frankreich soll sogar für alle an Bord ein 48-stündiger Landgang möglich gewesen sein, um Paris zu besuchen. Auch spielte er das Alkoholproblem von Worley herunter, der sichtlich erfreut war, dass ihn jemand verteidigte. Damit endete der erste Tag der Untersuchung für ihn erfreulich.

Der nächste Tag begann mit der Vernehmung des jungen Leutnants W. A. Hamilton. Dieser hatte zwar nicht die Petition gegen Worley unterzeichnet, aber einen Brief an das Hauptquartier der US-Navy geschrieben, indem er um die Versetzung von der CYCLOPS bat. Whitted las diesen Brief vor. Als Grund für seine Versetzung schrieb Hamilton, dass der Kommandant des Schiffes oft betrunken sei und das Schiff und dessen Besatzung in Gefahr gebracht hat. Whitted forderte ihn auf, seinen Brief zu erläutern.

Hamilton sagte aus, dass Worley einmal beim Auslaufen aus dem New Yorker Hafen am 12. Juni betrunken war. Ein anderes Mal war er betrunken, während Besatzungsmitglieder der CYCLOPS mit einem Beiboot drei Mann retteten, die von einem Zerstörer über Bord gefallen waren. Beim Anbordholen des Beibootes kam es zu einem Chaos, da Worley, der selbst das achtere Tau straff hielt, anscheinend betrunken andere Kommandos gab als Leutnant Robinson, der das vordere Tau hielt. Die Folge war, dass beide Taue losgelassen wurden und das Boot von der Bordwand des Schiffes wegdriftete. Dies war bei der bewegten See nicht ungefährlich. Es war schwer, das Boot erneut zu fassen zu bekommen. Obwohl das ganze um 9.30 Uhr morgens stattfand, stand Worley schon unter Alkhoholeinfluss. Zur Verwunderung aller Beteiligten beschuldigte er vor allen Leuten den Leitenden Ingenieur Dowdy, dass er kein Öl zur Wellenberuhigung ausgebracht hat. Dies war früher eine gängige Praxis, hätte in der Situation aber nicht viel geholfen. Der Vorfall fand am 15. Juli statt. Hamilton sagte auch etwas über die ungerechte Gewährung von Urlaub aus. Er konnte sich noch genau daran erinnern, wem von den Maschinisten der begehrte 48-stündige Urlaub in Frankreich gewährt wurde, bei dem die Möglichkeit bestand, Paris zu besuchen. Es waren L. Waff, S. Dowdy, W. Duke, L. Bailey, A. Lamb. Dies waren alles Mitglieder des Marinehilfsdienstes. Keinem Maschinisten der US-Navy wurde der begehrte Urlaub gewährt. Dies begründete Worley auch mit dringenden Reparaturen an den Antriebsmaschinen. In der Marine wären ihm zu viele unerfahrene Bauerntölpel, die sehr nassforsch auftraten und meinten, sie müssten innerhalb weniger Wochen zu Seehelden werden. Stattdessen fanden sie sich in engen Räumen unter Deck wieder und mussten mit unterschiedlichsten Charakteren verschiedenster Nationen klarkommen. Worley hasste sie am meisten. Seine Abneigung gegenüber der Marine kam auch daher, da er goldenen Zeiten im Marinehilfsdienst hatte. Bei einem Wechsel zur Marine wurde Personal vom Marinehilfsdienst einen Dienstgrad niedriger eingestuft.

Hamilton konnte sich auch noch daran erinnern, dass Worley auf der Fahrt nach Guantanamo Bay (Kuba) bei einem Aufenthalt in Hampton Roads, Virginia, am 22. März 1917 betrunken war. Er fiel aus der Steuerbordtür des Quarterdecks, als er versuchte, auf die Brücke zu kommen.

Die meisten Zeugenaussagen drehten sich um seine Trunkenheit, schlechte Disziplin und die ungerechte Gewährung von Urlaub. Worley ließ sich das Protokoll der Anhörungen vor dem Untersuchungsausschuss zuschicken. Er nahm sich viel Zeit, um eine ausgeklügelte, neun Seiten umfassende Antwort auf die Vorwürfe zu formulieren. In seiner Antwort rechnete er vor allem mit seinem Intimfeind Burt Asper ab, den er als sexbesessen schilderte. Angeblich drehten sich fast alle seine Gespräche nur um Frauen, so dass sich einige Offiziere in seiner Umgebung, wie der Zweite Offizier Hodge und der Dritte Offizier Kane, bei Worley über ihn beschwerten. Gerade für diejenigen, die aus den frommen ländlichen Gebieten der USA kamen, muss es eine Zumutung gewesen sein, sich pausenlos die schlüpfrigen Geschichten vom Schiffsarzt anhören zu müssen. Worley selbst war davon auch genervt und wollte diese Gespräche durch Anordnung unterbinden. Darüber war Asper natürlich erzürnt. Er zog sich mit seinem Assistenten Howard immer mehr zurück und blieb meistens im Arztzimmer.

Nach Worleys Meinung hatten sie sich gegen ihn verschworen und es entstand daraus die Idee mit der Petition. Diese hatte das Ziel, ihn seinem Kommando zu entheben. Es war für ihn offensichtlich, dass er nicht gegen jede Anschuldigung des Alkoholmissbrauchs antworten konnte. Er ging auf die insgesamt hervorstechenden Argumente ein. Dabei betonte er, dass niemand ausgesagt habe, ihn direkt Alkohol trinken zu sehen. Viele Zeugen meinten nur eine Alkoholfahne bei ihm gerochen zu haben. Bei näherer Betrachtung waren diese Aussagen sehr vage, da die Zeugen ihrem Kapitän nicht besonders nah gekommen waren. Andere sagten aus, dass sie die Petition spontan, ohne besonderen Grund unterschrieben hatten, oder weil ihnen kein Urlaub gewährt wurde. Ein junges Besatzungsmitglied gab an, er habe die Petition nur unterschrieben, da er auf seiner ersten Seereise von Worley wie ein Hund behandelt worden war. Selbst von den Offizieren sagte keiner aus, dass er dabei war, als Worley Alkohol getrunken hatte. Zu seiner Verteidigung hob er Leutnant Robinson hervor, der aussagte *„Kapitän Worley nie in einem Zustand gesehen habe, indem er nicht seinen Pflichten nachkommen konnte.“*

Viele der die Petition unterzeichnenden Besatzungsmitglieder behaupteten, Worley wäre betrunken gewesen, nur weil ihnen Landgang verwehrt wurde. Hierauf entgegnete dieser, dass das Schiff verlassen gewesen wäre, wenn er jedem Landgang gewährt hätte, als das Schiff in Frankreich lag. Da Krieg herrschte, musste das Schiff jederzeit ausreichend bemannt sein.

Die Anschuldigung von Bootsmann Kain, dass Quartiermeister Daniels in Worleys Kabine Alkohol gefunden hatte, wies dieser geschickt von sich. Da die Flasche kein Etikett hatte, sei es auch nicht klar, dass es sich um Alkohol gehandelt hätte. Stattdessen soll in der Flasche Medizin gewesen sein, die er seit Jahren regelmäßig einnehmen musste, da er sich mit Beri Beri infiziert hatte und in heißen Nächten Probleme mit dem Gang hat. Beri Beri ist eine durch Vitaminmangel und Mangelernährung hervorgerufene Nervenkrankheit, die unter anderem Gehstörungen verursachen kann. Der nie um Ausreden verlegene Kapitän führte weiter aus, dass er sich Beri Beri 1899 an Bord des Rahseglers ST. MARK auf einer 152-tägigen Reise von Norfolk nach Manila geholt habe. Drei Monate habe er im Krankenhaus gelegen und konnte danach auch nur mit Hilfe eines Stocks wieder laufen. Die Krankheitssymptome treten in heißen Klimazonen auf. Wenn er nicht direkt ein Sud aus Pottasche und Stechwindgewächsen zu sich nehmen würde, könne er nur schlecht laufen. Dieser Sud ist unverdünnt ungeniessbar, weswegen er es immer mit Sherry oder Portwein mixte Diese Mischung soll in der Flasche gewesen sein, die Bootsmann Kain gefunden hatte. Er hatte aus diesem Grund immer eine Flasche Sherry oder Portwein dabei, mit der er im Notfall seine Medizin zu sich nehmen konnte. Worley beschwerte sich darüber, dass er seit 21 Jahren und 8 Monaten als Kapitän, davon 17 Jahre beim Marinehilfsdienst und seit sieben Jahren auf der CYCLOPS fahre. Dabei sei es noch nie zu Untersuchungen gegen ihn gekommen. Diese Behauptung ist falsch, denn nach dem Mord auf der ABARENDA waren Anschuldigungen gegen ihn laut geworden und er verlor vorübergehend sein Kommando. Dennoch sah er die Aussagen gegen ihn als reine Bosheit an, die er durch Beweise widerlegen und die Motive der Zeugen durch seine Stellungnahme ans Licht bringen konnte. Es gab für ihn nichts zu bereuen. In seinen Augen hatte er seine Mannschaft nicht getreten wie einen Hund, sondern sie behandelt wie ein Vater. Wenn er gesehen hatte, dass sie schlecht angezogen waren, hatte er ihnen neue Jacken oder Stiefel gegeben. Denjenigen, die für ihren Landgang in Frankreich kein Geld hatten, hatte er einen Vorschuss gegeben. Die Mehrheit der Unterzeichnenden bezeichne er als junge Landratten, die keine Ahnung von dem Leben an Bord hätten. Sie seien von älteren Besatzungsmitgliedern gegen ihn aufgehetzt worden.

Aufbruch zur letzten Reise

Worley hatte als Beschuldigter das letzte Wort. Seine Stellungnahme bekam nur das Marineministerium vorgelegt, daher konnte auch niemand, der in diesem Brief erwähnte wurde, dazu Stellung beziehen. Der Untersuchungsausschuss kam zu dem Ergebnis, dass Worley oft einen über den Durst trank, aber nicht seiner Besatzung gegenüber besonders brutal gewesen sein soll. Das Gremium sprach ihn schließlich frei. Es konnte die viel komplexeren Verwicklungen in Sabotage oder Landesverrat nicht aufklären. Diese Kurzsichtigkeit führte dazu, dass die CYCLOPS viele prodeutsche Amerikaner anzog. Der Untersuchungsausschuss war der Ansicht, dass viele junge Besatzungsmitglieder den Brief nur unterschrieben hatten, weil sie kein Landgang erhalten hatten.

Die Untersuchung hatte zur Folge, dass die USS CYCLOPS nur noch auf der westlichen Atlantikseite eingesetzt wurde, obwohl sie eines der größten und modernsten Schiffe der US-Navy war. Dort versorgte sie Marineschiffe aus North- und South Carolina sowie aus Neuschottland mit Kohle. Dies geschah zu einer Zeit, als jedes verfügbare Schiff benötigt wurde, um Truppen und Material nach Frankreich zu schaffen. Der Untersuchungsausschuss hatte Worley vielleicht auch nicht abgesetzt, um das Problem auszusitzen, da seine Pensionierung kurz bevorstand.

Mit dem Eintritt der USA in den Ersten Weltkrieg kam es zu Anfeindungen gegenüber US-Bürgern deutscher Herkunft. Worley litt sicherlich darunter. Er stürzte im Dezember 1917, wobei sich ein alter Bruch so sehr verschlimmerte, dass er fortan zum Gehen einen Stock benötigte. Die Verletzung beeinträchtigte ihn sehr. Worley wollte sich nach der nächsten Reise operieren lassen und danach lange Urlaub nehmen. Ende Dezember 1917 erhielt er den Auftrag, mit seinem Schiff Kohle nach Brasilien zu liefern und auf dem Rückweg Manganerz – eine der schierigsten Ladungen, die es gibt – für die Rüstungsindustrie der USA zu laden. Dazu sollte die CYCLOPS als Handelsschiff durch die US-amerikanischen Regierung und der Vereinigte Staaten & brasilianischen Dampfschifffahrtgesellschaft gechartert werden. Nachdem deutsche U-Boote zu viele brasilianische

Schiffe versenkt hatten, brach Brasilien die Beziehungen mit Deutschland ab, internierte deutsche Schiffe und erklärte den Achsenmächten 1917 den Krieg. Brasilien griff allerdings nicht aktiv in den Krieg ein.

Vor Beginn der Reise erkrankte allerdings Worleys Tochter. Seine Frau Selma kümmerte sich um die kleine Virginia. Beide Eltern waren besorgt, dass das Kind unter der hochansteckenden Kinderkrankheit Scharlach litt. Worley soll sogar dagegen gewesen sein, einen Arzt zu rufen. Hatte er Angst unter Quarantäne gestellt zu werden und daher die Fahrt nicht antreten zu können? Selma gab nach und blieb am Bett ihrer Tochter und pflegte Virginia allein, bis die Kleine wieder gesund wurde. Sein Bruch machte ihm noch zu schaffen und er hätte diese Fahrt nicht antreten müssen. Seine Niedergeschlagenheit war ihm anzusehen und einem Freund vertraute er an: *„Vielleicht siehst du mich das letzte Mal, die See wird vielleicht mein Grab werden"*. Dennoch lehnte Worley das Kommando nicht ab. Vor der Abfahrt bat er seine Frau darum, ihr gemeinsames Haus in Norfolk zusammen mit den Möbeln und ihrem Auto zu verkaufen. Sie erzählte ihren Nachbarn, dass Worley sich nach der Reise pensionieren lassen wollte, da er auf medizinische Hilfe angewiesen sei. Danach wollten sie zurück nach San Francisco ziehen. In der Nachbarschaft wurde natürlich getuschelt – warum sich ein Kapitän mitten im Krieg pensionieren ließ. Norfolk war eine Marinestadt und deren Einwohner deshalb besonders patriotisch. Heute ist Norfolk der größte

USS Cyclops bei der Kohlenübergabe © Naval History and Heritage Command - NH 105827

Marinestützpunkt weltweit. Der *Literary Digest* berichtet, dass Worley Freunden erzählt hatte, das er nach der Reise eine lange Auszeit nimmt, da er operiert werden muss und die Heilung danach sechs Monate dauern würde. Zur Genesung wollte er nach Kalifornien ziehen und daher sein Haus verkaufen. Worleys Neffe, Leutnant Ewald Angermann, wusste allerdings nichts von einer bevorstehenden Operation bei seinem Onkel. Worleys Nachbarn hatten auch von der Untersuchung gegen ihn erfahren und vermutet, sein Wunsch zur Pensionierung würde damit in Verbindung stehen. Allerdings steht die Aussage seiner Frau, er würde in Pension gehen wollen der früheren Aussage gegenüber, dass er nach der Reise lange Urlaub nehmen wolle. Oder wollte er als gebürtiger Deutscher nicht mehr gegen sein Vaterland in den Krieg ziehen und war die Anfeindungen gegen Deutsche und damit auch gegen ihn satt?

Während einer Besichtigung seines Schiffes war er verärgert darüber, dass die Marinewerft an dem Schiff nur die nötigsten Reparaturen ausgeführt hatte – das ist in Kriegszeiten aber durchaus normal. Vor allem hatte er immer wieder vergeblich darauf hingewiesen, dass die beiden Antriebsmaschinen eine Generalüberholung benötigten.

Am 8. Januar 1918 lief die CYCLOPS von Norfolk, Virginia, aus. Beladen war sie mit Kohle, Post und Gemischtwaren für die US-amerikanischen Schiffe, die vor der südamerikanischen Ostküste patrouillierten. Der Hafen war tagelang zugefroren und die Seeleute der vor Anker liegenden Schiffe konnten über das Eis an Land gehen. Bei diesigem Wetter mit leichtem Schneetreiben pflügte die CYCLOPS durch die Eisschollen der Fahrrinne. Dabei wich sie im letzten Augenblick der USS SURVEY aus, die auf ihrer Ausreise ins Mittelmeer war, um dort als U-Boot-Abwehrschiff zu patrouillieren. Es folgten auf der Reise noch mehrere unglückliche Zwischenfälle. Das Schiff passierte in der Dämmerung die Kaps von Virginia. Einer der Offiziere, Conrad A. Nervig, ging gegen 20.00 Uhr nach vorn in Richtung Brücke, um einen wachhabenden Offizier abzulösen. Dabei hörte er Geräusche von aneinanderreibendem Metall. Er bemerkte, dass die CYCLOPS im Seegang stark arbeitete und sich durchbog. Die Bewegung des Schiffes war an Stellen, an denen Leitungen durch Schotten verliefen, ziemlich deutlich zu erkennen. Am Tag darauf erzählte Nervig dies besorgt Kapitän Worley. Dieser zuckte nur die Achseln und sagte: *„Mein Sohn, sie wird's schon so lange machen wie wir."*

Am fünften Seetag kam es zu einem Streit zwischen Worley und dem Ersten Offizier Forbes, der mit Stubenarrest bestraft wurde. Dies war eine beim Kapitän beliebte Strafe. Eine Abwandlung dieser Strafe bekam ein anderer Offizier,

Leutnant Cain, zu spüren. Er wurde in die Krankenliste eingetragen und musste nach ärztlicher Anweisung im Bett bleiben, obwohl ihm gar nichts fehlte und er fit war. In der Offiziersmesse wurde gemunkelt, dass diese Maßnahme nur dazu diente, Cain vor einem von Worleys Wutanfällen zu schützen. Der Kapitän selbst schwieg dazu. Da Nervig von nun an Cains Wache übernehmen musste, hatte er regelmäßigen Kontakt mit Worley. In einer Nacht kam der Kapitän in Unterwäsche, mit einer Melone auf dem Kopf und einem Spazierstock in der Hand auf die Brücke. Er entschuldigte sich nicht für seine eigenwillige Kleidung, sondern lehnte sich entspannt an die Reling und unterhielt Nervig mit Anekdoten aus seiner Seefahrtszeit. Von nun an besuchte er Nervig jede Nacht in diesem Aufzug. Dieser fand allmählich Gefallen an den nächtlichen Besuchen. Die abenteuerlichen Geschichten von seinem Kapitän brachten etwas Abwechslung in die Monotonie der Wache.

Später beschrieb Nervig Worley als *„bärbeißigen, exzentrischen Seemann der alten Schule“* und nannte ihn einen *„sehr mittelmäßigen Seemann“* und einen *„schlechten, übervorsichtigen Nautiker“*. Da Worley wortkarg und meist unfreundlich war, mochten ihn weder seine Offiziere noch seine Mannschaft. Worley hielt anscheinend viel von Nervig, denn als dieser in Rio de Janeiro auf ein anderes Schiff versetzt werden sollte, versuchte Worley dies verhindern. Damit hatte er aber keinen Erfolg und Nervig ging somit nicht mit der CYCLOPS verschollen.

Als sich das Schiff nach zwei Wochen der Küste des brasilianischen Bundesstaates Pernambuco näherte, die weit in den Atlantik hineinragte, merkte der Offizier Forbes, dass etwas nicht stimmte. Statt in Richtung Küste zum nächsten Hafens Salvador de Bahia zu steuern, hielt das Schiff Kurs auf die offene See. Die Stadt war nur sehr schwer zu verfehlen, und Forbes ahnte, dass nur ein so merkwürdiger Navigator wie Worley es schaffen würde, an der Stadt vorbeizufahren. Er wechselte eigenständig den Kurs in Richtung Salvador de Bahia. Worley merkte dies und wechselte ohne Forbes darüber zu informieren wieder auf den alten Kurs. Das wiederum bemerkte Forbes und ging wieder auf den Kurs zurück, den er vorher korrigierend eingeschlagen hatte. Offizier Nervig sagte später aus, dass das Schiff gestrandet wäre, wenn es den von Worley eingeschlagenen Kurs nur drei Stunden beibehalten hätte. Forbes warf dies wütend Worley vor. Dieser verhängte Arrest gegen ihn. Die Stimmung an Bord dürfte nach solchen Spannungen sehr schlecht gewesen sein.

Umsomehr wird es die Besatzung gefreut haben in die smaradgrüne Bucht von Salvador de Bahia einzulaufen. Bahia ist eine der ältesten Städte Amerikas mit prächtigen Bauten aus der portugiesischen Kolonialzeit. Während dieser Zeit wurde die Stadt durch den Seehandel reich. Über 30 Kirchen der unterschiedlichsten Konfessionen ragten über die Bucht von Bahia, die vielleicht daher auch Allerheiligenbucht genannt wird. Die in verschiedenen Höhen am Hang gelegenen Straßen waren durch Aufzüge miteinander verbunden. Bei diesem Anblick freuten sich viele an Bord auf Landgang. Aber ein Blick zum Hafen brachte sie wieder auf den Boden der Realität zurück. Dort lagen unzählige Schiffe, die von kleinen Booten aus mit Früchten und Kaffee aus den Plantagen der Region beladen wurden. Vor Anker liegende dahin rostende internierte deutsche Schiffe erinnerten daran, das Brasilien Deutschland den Krieg erklärt hatte. Um die Küste Brasiliens vor deutschen Kriegsschiffen und U-Booten zu schützen, lag die USS RALEIGH in der Bucht vor Anker. Dieser Kreuzer hatte schon vor 20 Jahren an der Schlacht in der Bucht von Manila teilgenommen und die besten Zeiten hinter sich. Nun sollte das Schiff von der CYCLOPS bebunkert werden. Daher hatten wohl nur einige wenige an Bord das Glück, einen Landgang zu machen und die schöne Stadt ansehen zu können. Bis in den Nachmittag hinein versorgte die CYCLOPS die RALEIGH mit Kohle. Beim Ablegen stieß die CYCLOPS mittschiffs gegen die RALEIGH und bis das schwer zu manövrierende Schiff freikam, kollidierte es noch einmal mit dem Kreuzer. Es entstand nur ein kleiner Sachschaden, aber beide Mannschaften beschimpften sich gegenseitig von Deck zu Deck. Für Nervig war es wieder einmal ein Beweis dafür, wie schlecht Worley navigieren konnte.

Während dieser Reise hatte es wohl wieder Schwierigkeiten zwischen dem Kapitän und seiner Mannschaft gegeben. Burt Asper, der Schiffsarzt, schrieb an seinen Bruder, dass er nur noch den Wunsch habe, das Schiff zu verlassen. Der Matrose William Wolf schrieb in einem seltsamen Brief an seine Mutter *„er würde von Brasilien nach drüben fahren und sei wahrscheinlich bis zum nächsten Jahr unterwegs.“*

Maschinenschaden

Die CYCLOPS fuhr weiter Richtung Süden und kam am 15. Februar in Rio de Janeiro an. Am Nachmittag des Vortages kam es zu einem Schaden an dem Hochdruck-Dampfzylinder der Steuerbordmaschine. Wahrscheinlich durchschlug der Kolben den Zylinderkopfdeckel. Die dadurch notwendige aufwändige Reparatur konnte nicht mit Bordmitteln durchgeführt werden. Daher konnte die Steuerbordmaschine erst nach der Rückreise von der Marinewerft in Norfolk oder der in Philadelphia repariert werden. Die Reise musste also allein mit der Backbord Hauptmaschine zu Ende geführt werden.

Der Oberbefehlshaber der Pazifikflotte, Admiral R. Caperton, ordnete eine Untersuchung des Vorfalls an, da vermutet wurde, dass die Maschine durch Sabotage zerstört worden sei. Die Untersuchung führte Kapitän George B. Bradshaw während des Aufenthaltes in Rio de Janeiro durchdurch. Er war irritiert von Worleys schlechtem Aussehen und ging davon aus, dass dieser verkatert war. Insgesamt hielt er Worley für einen komischen Kauz.

Der Untersuchungsausschuss sah sich den Schaden vor Ort im Maschinenraum an. Der Zylinderkopf lag nach dem Unfall neben der Maschine. Der Zylinder, Zylinderdeckel, Kolbenring und Kolbenstange waren zerstört. Zum Glück war niemand verletzt worden, denn der Chief Ingenieur Maguet machte gerade seine Inspektionsrunde, als der Unfall passierte. Die Kommission sah, dass zwei Sicherungsbolzen abgerissen waren. Das war sehr ungewöhnlich, denn ausgerechnet der Hochdruckzylinder wurde während der Liegezeit in Salvador de Bahia erst gründlich überholt.

Insgesamt waren die Hauptmaschinen der Cyclops nicht in gutem Zustand, da die beweglichen Teile zu viel Spiel hatten. Dadurch waren die Maschinen ungewöhnlich laut. Die Maschinen komplett zu überholen konnte nicht durch die Besatzung erledigt werden. Das hätte an einer Werft geschehen müssen. Als Reaktion auf den Unfall wurde beschlossen, die Backbord Hauptmaschine so weit zu überholen, wie es durch die Besatzung möglich war. Dem Schiff wurde erlaubt, mit einer Hauptmaschine in die USA zurückzufahren. In der Zwischenzeit sollte die Werft William Cramps & Son Shipyard die zerstörten Teile neu anfertigen.

Als Ursache wurden ein gebrochener Ring und lose Bolzen festgestellt. Die Maschinisten hatten ausgesagt, die Bolzen wären fest gewesen. Das hätten sie aber nur festgestellt, indem sie mit einem Hammer draufklopften oder indem sie kontrolliert hatten, ob der Schraubenkopf auflag. Der Untersuchungsausschuss warf ihnen vor, dass sie das nicht mit einem Schraubenschlüssel kontrolliert hatten. Dieser hatte festgestellt, dass die Bolzen lose waren. Auch glaubte er nicht, dass die Maschinisten, die zum Zeitpunkt des Unglücks im Maschinenraum waren, nichts Auffälliges gehört hätten, bevor die Maschine auseinanderflog. Daher wurde dem wachhabenden Maschinisten Leutnant L. J. Fingleton vorgeworfen, die Maschine nicht vor dem Unfall gestoppt zu haben und er wurde für diesen verantwortlich gemacht. Der Untersuchungsausschuss war der Meinung, Fingleton müsse etwas Ungewöhnliches gehört haben. Aber selbst Admiral Caperton, Chef der Pazifikflotte, war der Meinung, dass Fingleton bei dem Lärm im Maschinenraum nichts hören konnte. Deshalb wurde gegen ihn kein Disziplinarverfahren eingeleitet.

In Rio de Janeiro versorgte die CYCLOPS verschiedene vor Anker liegende Schiffe mit Kohle und anderen Gütern. Worley ging es währenddessen immer schlechter und er klagte über seinen schlechten Gesundheitszustand. Hinzu kam noch weiterer Ärger, da einer seiner Besatzungsmitglieder in einer Bar in Rio de Janeiro, dem Highlife Club, einen Mannschaftskameraden mit einer Flasche erschlagen hatte. Er schrieb einen deprimierten Brief nach Hause, in dem stand, dass er keine Lust mehr hätte, während des Krieges zur See zu fahren. Der Brief endete mit den für ihn untypischen Worten, die Deutschen sollten ihren Kaiser aufhängen und kapitulieren. Diese Äußerung zeigte, dass seine Stimmung auf dem Tiefpunkt war.

Der Erste Offizier Nervig ging von Bord und musterte auf der USS GLACIER an und war froh, die CYCLOPS und deren merkwürdigen Kapitän los zu sein. Als Ersatz für ihn kam Albert Winkle an Bord. Mit ihm kamen weitere 50 Seeleute der US-Navy. Diese verachtete Worley, denn er bevorzugte die Seeleute des Marinehilfsdienstes, dem er jahrelang selbst angehörte. Hinzu kamen noch fünf gefangene Angehörige der US-Südamerikaflotte von Admiral Caperton, von denen zwei wegen Mordes verurteilt worden waren, einer sogar zum Tod durch Erhängen.

Eine vollkommen neue Ladung

Die Hurrikansaison war noch nicht angebrochen, daher wurde für die Rückreise der CYCLOPS Manganerz nicht als problematisch angesehen. Das Kohlentransportschiff JASON hatte schon mehrere Reisen mit Manganerz gemacht, ohne dass es dabei Schwierigkeiten gab.

Während des Ladens reinigten Matrosen den Rumpf von einem runtergelassenen Beiboot aus. Als ohne Vorwarnung die Antriebsmaschine gestartet wurde, wurde das Beiboot in den Schiffspropeller gezogen. Der Matrose im Beiboot wurde dabei verletzt, ins Wasser geschleudert und ertrank. Nervig, der von diesem Unfall Kenntnis bekam, machte Worley dafür verantwortlich, da er erneut durch seine merkwürdigen Anweisungen die Mannschaft durcheinandergebracht hätte.

Kurz bevor die CYCLOPS auslief, schiffte sich noch ein ziviler Reisender ein. Es war der US-Konsul in Rio de Janeiro, Alfred Louis Moreau Gottschalk. Wie Worley war auch der 45-jährige Gottschalk eine eigenartige Persönlichkeit: Der gebürtige New Yorker war während des Spanisch-Amerikanischen Krieges Korrespondent der Zeitungen *New York Herald* und Londoner *Telegraph* gewesen. Nach Kriegsende versuchte er sein Glück mit Zuckerrohrplantagen in Santo Domingo und auf Haiti. Lange blieb Gottschalk nicht in diesem Geschäft und trat 1902 in den diplomatischen Dienst der USA ein. Ihm wurde Spionage für Deutschland nachgesagt. Zum Beispiel sollte er mit deutschen Firmen in Brasilien zusammenarbeiten und das Deutsche Rote Kreuz unterstützen. Der Marinenachrichtendienst sah in ihm einen egoistischen Lügner, der nur eigene Interessen verfolgte. Seinen Urlaub verbrachte Gottschalk immer in Berlin. Vor seiner Abreise erzählte er seinen Freunden, dass er nach seiner Rückkehr nach New York in die Armee eintreten wolle. Gottschalk war anscheinend nur ein kleiner Teil prodeutscher Kräfte in Südamerika. Der Einfluss deutscher Agenten in Südamerika war der US-Navy bekannt. Rio de Janeiro war zu dem Zeitpunkt, als die Cyclops im Hafen lag, eine Hochburg deutscher Spionage. Deshalb bestand eine Aufgabe der Pazifikflotte darin, deutsche Agenten, die zwischen Spanien und Südamerika hin- und herpendelten, abzufangen. Einem Offizier der USS Pittsburgh gelang es, zwei deutsche Agenten zu verhaften. Da in Südamerika nur Brasilien auf der Seite der Alliierten stand, waren alle anderen Häfen Südamerikas ein sicherer Ort für deutsche Agenten und Saboteure.

Am 16. Februar 1918 lief die Cyclops aus Rio de Janeiro aus. In den Laderäumen befanden sich 10.600 Tonnen Manganerz. In den Kohlerbunkern lagerten 1.500 Tonnen Kohle. Damit lag das Schiff 38 cm tiefer im Wasser als die Tieflademarke zuließ. Ihr Tiefgang betrug beim Auslaufen 9,4 m. Den großen Tiefgang sah man als Vorteil, da dieser der Schlingerbewegung entgegenwirkt. Da die Steuerbordantriebsmaschine beschädigt war, lief die Cyclops mit nur einer Antriebsmaschine 10 statt der üblichen 14 Knoten. Ihre wertvolle Ladung war mit einer halben Millionen Dollar versichert.

Als nächsten Hafen lief die Cyclops Salvador da Bahia an. Dabei wurde sie von der USS Glacier aus von ihrem ehemaligen Offizier Nervig beobachtet. Er wunderte sich darüber, dass das Schiff von Norden aus einlief. Dies war wieder typisch für Worleys eigenartige Navigation. Normalerweise hätte das Schiff von Süden kommen müssen. Während der Liegezeit besuchte der Zahlmeister der Cyclops, Carrol G. Page, Nervig an Bord der USS Glacier.

Am Abend des 21. Februars lief die Cyclops von Salvador de Bahia aus und sollte am 7. März in Baltimore, Maryland, einlaufen. Überraschend lief sie am 3. März völlig ungeplant Bridgetown auf Barbados an. Worley ließ zusätzlich 500 Tonnen Kohle und 1 Tonne Frischfleisch, 1 Tonne Mehl und 100 Pfund Gemüse an Bord nehmen. Die Nahrungsmittel kosteten 775 Dollar. Brockholst Livingston, der US-amerikanische Konsul auf Barbados, fand diese Bestellung übertrieben. Schließlich habe die CYCLOPS Brasilien mit 1.500 Tonnen Kohle verlassen, was für eine Fahrt nach Baltimore völlig ausreichend war. Dasselbe galt für die Vorräte. Worley begründete den Kauf der Kohlen damit, dass die Kohlen, die er geladen hatte, einen geringen Brennwert hätten und er daher mehr benötigen würde. Worley bat Brockholst, die Rechnung für die Kohle in seinem Namen zu begleichen, damit er noch genug Geld für die Vorräte hatte. Er unterließ den eigentlich üblichen Besuch beim britischen Hafenbeamten, worüber dieser verärgert war und deshalb seinerseits nicht an Bord der CYCLOPS kam. Am nächsten Tag waren George Worley, Burt Asper und Generalkonsul A. Moreau Gottschalk beim Konsul zum Tee. Danach verließ die CYCLOPS Barbados und funkte ihre voraussichtliche Ankunftszeit in Baltimore. Die See war spiegelglatt, als sie nach Süden am Horizont verschwand. Wieder einmal ein Anzeichen der merkwürdigen Navigationsmethoden. Sogar dem Sohn von Konsul Livingston fiel dies auf, denn normalerweise hätte das Schiff direkt nach Norden steuern müssen.

Nachdem das Schiff verschollen war, wurde darüber spekuliert, ob der Zwischenstopp auf Barbados dazu dienen sollte, zusätzlichen Proviant und Kohle an Bord zu nehmen, damit Worley mit dem Schiff nach Deutschland fahren könnte.

24 Stunden nachdem sie Barbados verlassen hatte, tauschte die CYCLOPS Funksprüche mit dem Passagierschiff VESTRIS der Reederei Lamport & Holt aus. Dabei meldete die CYCLOPS keinerlei Störungen, sondern berichtete nur von gutem Wetter. Das war die letzte Nachricht von ihr.

Manganerz

Erze sind metallhaltige Minerale, aus denen bei ausreichender Konzentration Metalle gewonnen werden können. 1839 wurde erkannt, das Mangan die Formbarkeit von Eisen verbessert. Mangan wird bei der Stahlherstellung benutzt, um den Sauerstoffgehalt des Stahls zu reduzieren, indem der Sauerstoff durch das Mangan gebunden wird. Der Erste Weltkrieg war der erste industrialisierte Krieg, indem enorme Massen an Metall zum Bau von Artilleriewaffen, Schiffen und Panzern benötigt wurden. Mangan war die neueste Möglichkeit, um die Produkte der Waffenindustrie zu verbessern. So bestand zum Beispiel der Propeller der Cyclops aus einer Mangan-Bronzelegierung.

1912 wurde entdeckt, dass Manganerz zur Härtung von Eisen und zur Vermeidung von Rost genutzt werden kann. Dies sind für die Kriegsindustrie wichtige Eigenschaften. Mit dem Ausbruch des Ersten Weltkrieges explodierte daher die Nachfrage aller am Krieg beteiligten Nationen nach Mangan. Die Manganerzvorkommen lagen weit vom Krieg führenden Europa entfernt, unter anderem in Südafrika und Brasilien.

Es ist in geringer Konzentration auch in den USA zu finden. Die von der amerikanischen Stahlindustrie benötigten höher konzentrierten Manganerze mussten aus Brasilien bezogen werden. Dagegen wurde in Brasilien Kohle für die Eisenbahn, die das Erz von den Minen zu den Häfen transportierte, benötigt. Daher bot sich die Cyclops an, auf der Reise südwärts Kohle nach Brasilien zu liefern, um dort für die Rückreise Manganerz zu laden.

Durch die hohe Dichte nimmt Mangan im Laderaum nur wenig Platz ein. Dadurch ist der Ladungsschwerpunkt sehr tief. Auch wenn das Schiff vom Ladungsgewicht her voll beladen ist, bleibt im Laderaum eine Menge Platz. Deshalb besteht die Gefahr, dass Manganerz übergehen kann, wenn die Laderaumwände nicht nach innen geneigt sind.

Reise ins Ungewisse

Nach dem letzten Funkkontakt mit der Vestris ist nie wieder etwas von der Cyclops gehört oder gesehen worden. Das Wetter an der Ostküste der USA war zu diesem Zeitpunkt warm und nass. Die üblichen Frühlingsstürme blieben, bis auf einige im Norden, aus.

Im Marinehauptquartier in Norfolk, Virginia, merkte am 13. März 1918 ein junger Offizier, dass die Cyclops überfällig war. Er funkte sie routinemäßig an, um ihr Ankunftsdatum zu erfahren. Es kam jedoch keine Antwort. Seltsamerweise unternahm die US-Navy keine weiteren Schritte. Das lag daran, dass es zwar Vorschriften gab, die An- und Abfahrten von Schiffen zu melden, aber es gab keine Vorschrift zum Melden von Schiffen, die nicht ankamen. Dass eine Regelung hierfür fehlte, fiel der US-Navy erst 1945 auf, als der Kreuzer Indianapolis nicht von Guam zurückkehrte. Er hatte die Atombombe für Hiroshima nach Guam gebracht und war auf dem Rückweg torpediert worden.

Der Admiral der Südamerikaflotte, Caperton, wurde gefragt, ob er etwas von der Cyclops gehört hatte. Sein letzter Stand war eine Nachricht von Kapitän Worley vom 22. Februar. Worley berichtete darin, dass er Bahia verlassen hatte und am 7. März in Baltimore sein wollte. Da die USS Pittsburg in Rio de Janeiro war, als die Cyclops dort bunkerte, wurde an Bord nachgefragt, wie viel Kohle die Cyclops beim Auslaufen an Bord hatte. Die Antwort bot kein Grund zur Sorge, denn sie hatte ausreichend Kohlen, um ohne Zwischenstopp nach Baltimore reisen zu können. Die Marinedienststelle von Charleston in South Carolina wurde am 23. März angewiesen, die Cyclops so lange anzurufen, bis sie antwortete. Die Funkstelle gab am nächsten Tag bekannt, dass es nicht gelungen war, mit dem Schiff Kontakt aufzunehmen. Sie sollte es dennoch immer wieder versuchen und zudem auch alle südlich von Norfolk gelegenen Marinefunkstellen. Es wuchs die Sorge, dass etwas Ernsthaftes passiert sein könnte. Das Kanonenboot USS Vixen sollte das Gebiet um die Bahamas und der Vogelinsel Aves Island absuchen.

Von der auf Kuba gelegenen amerikanischen Militärbasis Guantanamo Bay aus sollte das Kanonenboot USS Petrel nach San Juan auf Puerto Rico fahren, um von dort aus die Route der Cyclops nach Hampton Roads, Virginia, abzusuchen. Auch das Marineforschungsschiff USS Albatros sollte das Gebiet von Mayaguana Island, der östlichsten Insel der Bahamas, bis zu der kleinen Antillen Insel Barbuda absuchen. Die USS Dolphin wurde nach Guantanamo Bay beordert, um sich dort bereitzuhalten. Am 13. April setzte sie am Hogsty Reef auf den

Bahamas einen Suchtrupp ab, da es Gerüchte gab, die deutsche Marine hätte dort eine U-Bootbasis. Gefunden wurde nichts und es wäre für die deutsche Kaiserliche Marine logistisch fast unmöglich, dort eine U-Boot Basis einzurichten. Die Gerüchte zeigten aber, wie groß die Angst der USA vor deutschen U-Bootangriffen in der Karibik war. Daher patrouillierten dort auch die genannten Kanonenboote zur U-Bootabwehr. Die DOLPHIN suchte in den folgenden Tagen weitere Inseln der Bahamas ab, ohne irgendetwas zu finden.

Der amerikanische Konsul auf Barbados, Livingston, meldete am 28. März, dass er keine Antwort von dem vermissten Schiff bekommen hatte. Gleich darauf kam von der auf den Jungferninseln gelegenen Station St. Thomas dieselbe Nachricht. Daraufhin sollte der Kreuzer PITTSBURGH versuchen, die CYCLOPS zu erreichen. Auch die britische Marine wurde um Hilfe gebeten. Bis zum 1. April versuchte die Marinefunkstelle Key West in Florida alle zwei Stunden das Schiff per Funk zu erreichen. Die großangelegte Suchaktion brachte keinen Erfolg, es wurde nichts gefunden und niemand schaffte es, über Funk Kontakt mit der CYCLOPS herzustellen. Es gelang der Marine, der Presse vorzuenthalten, dass die CYCLOPS vermisst wurde.

Es dauerte noch bis Anfang April, bis die Marinebehörden anfingen zu ermitteln. Die Angehörigen der Besatzungsmitglieder wurden über die Inhalte von Briefen, die sie von Bord bekommen hatten, befragt. Insbesondere wurden die Briefe untersucht, die von den zuletzt angelaufenen Häfen in Südamerika oder von Barbados aufgegeben wurden. Auf einmal fiel die Deutschfreundlichkeit von Kapitän Worley auf. Es gab erste Vermutungen, dass es an Bord zu einer Meuterei gekommen war, oder das Worley versucht hatte, mit dem Schiff nach Deutschland zu gelangen.

Ein deutschfreundlicher Agent

Im Fokus der Ermittlungen des Marinenachrichtendienstes stand der New Yorker Agent der South American Shipping Company, Franz Hohenblatt. Dieses Unternehmen gehörte E.G. Fontes, dem Eigentümer von Morro de Mina. Morro de Mina war die Firma, die das Manganerz lieferte. Daher war Hohenblatt wahrscheinlich für die Abwicklung der gesamten Lieferung des Erzes zuständig. Er kam aus Deutschland und hatte angefangen, die US-amerikanische Staatsbürgerschaft zu beantragen. Das Verfahren hatte er nicht abgeschlossen. Er begründete dies damit, dass er nach dem Kriegseintritt der USA für Deutschland war und kein amerikanischer Staatsbürger mehr werden wollte. Als der Marinenachrichtendienst ihn befragen wollte, floh er nach Mexico und war nicht mehr aufzufinden.

Als die CYCLOPS in Rio de Janeiro mit Manganerz beladen wurde, offenbarte er in angetrunkenem Zustand seinem Kollegen Harry Lambert, dass er Amerika hasse. Denn durch dessen Eintritt in den Ersten Weltkrieg war es ihm unmöglich geworden nach Deutschland zurückzukehren. Benjamin B. Murray, ein Mitarbeiter von Hohenblatt, sagte dem Marinenachrichtendienst, dass Hohenblatt dem Feind half und ihm sämtliche Informationen über Erzlieferungen in den USA zur Verfügung stünden. Er soll über seine Mitarbeiter gesagt haben: *„Sie sind Narren für dieses Land zu kämpfen und sollten erschossen werden.“* Als Murray meinte, dass er auch für dieses Land kämpfen möchte, erwiderte Hohenblatt *„dann werde ich dich als erstes erschiessen.“*

Murray sagte auch aus, dass Hohenblatt 700 an ihn gerichtete Briefe aus Deutschland verbrannt und dabei *„sie können mir nichts wollen“* gesagt habe. Was meinte er damit? Vielleicht war es auf seine Einbürgerung bezogen, vielleicht aber auch auf die CYCLOPS.

Die erste Vermutung des Marinenachrichtendienstes war, dass im Schiff Munition explodiert sein könnte. Eine Versenkung durch die deutsche Kaiserliche Marine wurde ausgeschlossen, da der Verlust eines so großen Schiffes sofort für Propagandazwecke genutzt worden wäre. Es war allerdings so wenig Munition an Bord, dass deren Explosion keinen großen Schaden angerichtet hätte.

Die Navy kann den Verlust nicht mehr geheim halten

Erst als die Presse das Thema für sich entdeckte, wurde die Marine durch Zeitungsartikel zur Stellungnahme gezwungen. Am 15. April 1918 erschien im *New York Herald* die Titelschlagzeile *„Großes Kriegsversorgungsschiff verschwindet spurlos“*. Der *Virginian Pilot* berichtete *„Amerikanisches Kohlenschiff wahrscheinlich verloren: ein rätselhaftes Schicksal des Meeres.“* Unter dieser Überschrift berichtete die Zeitung über eine ganze Spalte von dem seit dem 13. März überfälligen Schiff, um dessen Sicherheit größte Besorgnis bestehe. Zahlreiche Männer an Bord stammten aus der in Virginia gelegenen Hafenstadt Norfolk.

Die Marine nahm hierzu am 15. April wie folgt Stellung:

„Die USS CYCLOPS, ein Kohlentransportschiff von 19.000 Tonnen Verdrängung, beladen mit einer Ladung Mangan und mit einer Besatzung bestehend aus 15 Offizieren, 221 Mann und 57 Passagieren, ist überfällig und sollte am 13. März einen Hafen am Atlantik erreichen. Sie wurde zuletzt am 4. März in einem Hafen der westindischen Inseln gesehen. Seit ihrem Auslaufen aus diesem Hafen gibt es keine Spur von ihr, und keine Information, die sie betrifft, wurde empfangen. Von allen möglichen Stellen und Fahrzeugen entlang ihrer vermeintlichen Route wurden

Funksprüche an die CYCLOPS *ausgesendet.*

Für die Überfälligkeit der CYCLOPS *gibt es keine wohlbegründete Erklärung, da weder eine Funkverbindung bestand noch eine Spur von ihr aufgenommen wurde, seit sie den westindischen Hafen verließ. Das Wetter war in dem Gebiet, das sie passiert haben muss, nicht schlecht und dürfte ihr kaum Schwierigkeiten bereitet haben. Der Verlust könnte theoretisch einem Handelskreuzer oder U-Boot zugeschrieben werden, aber es liegen keine Meldungen vor, die die Anwesenheit solcher Schiffe in jenem Gebiet bestätigt hätten.*

Es ist bekannt, dass eine der beiden Antriebsmaschinen der CYCLOPS *beschädigt war, und dass sie mit nur einer intakten Maschine und reduzierter Geschwindigkeit lief. Diese Tatsache hat keine Auswirkung auf die Fähigkeit einen Funkspruch abzusetzen, selbst wenn beide Antriebsmaschinen defekt wären, hätte das Schiff noch immer die Möglichkeit seine Funkanlage zu nutzen.*

Die Suche nach der CYCLOPS *wird fortgesetzt, aber die Navy ist extrem um ihre Sicherheit besorgt.“*

Der *Evening Star* berichtet an demselben Tag unter der Überschrift *„Kohlentransportschiff* CYCLOPS *wahrscheinlich verloren“:*

„Von den offiziellen Stellen wird keine mögliche Theorie ausgeschlossen, die eine Begründung für das Verschwinden darstellen könnte. Die meistgehörten Vorschläge sind, dass im Hafen deutsche Spione an Bord gekommen sind und das Schiff auf See in ihre Gewalt genommen hätten; oder dass das Schiff in zwei Teile gebrochen und in einer plötzlich auftretenden Sturmböe gesunken ist; oder dass es von einem U-Boot aufgebracht und ohne eine Spur zu hinterlassen versenkt wurde; oder dass eine Explosion im Schiff es zum Sinken gebracht hatte. Aber all diese Theorien haben Mängel. Die einzige Erklärung dafür, dass die Funkanlage nicht benutzt wurde, ist, dass deutsche Spione das Schiff in ihre Gewalt gebracht hätten. Es wären allerdings nicht genug Kohlen an Bord gewesen, um den nächsten deutschen Hafen anlaufen zu können. Einige Offiziere denken, das Schiff könnte außerhalb der Handelsrouten gehalten werden, um auf einen Dampfer zu warten, der ihm zusätzliche Kohlen übergeben könnte ... Die absolute Funkstille macht diesen Fall zu einem der rätselhaftesten in der Seefahrtsgeschichte. Diese Tatsache führte bei Offiziellen zu der Vermutung, die Besatzung hätte das Schiff entführt. Denn es gäbe keine andere Erklärung dafür, dass kein Hilferuf empfangen wurde. Für den Fall eines Sturms, eines feindlichen Angriffs, oder eines Torpedotreffers hätte es ausreichend Zeit gegeben, um einen Notruf abzusetzen. Es wurde auch in Betracht gezogen, dass zwischen der Manganladung Sprengstoff war, der über einen Zeitzünder zur Explosion gebracht wurde. In diesem Fall wäre das Meer mit Wrackteilen übersäht gewesen.“

Beunruhigende Nachricht aus Bridgetown

Die US-Navy konnte keine von diesen Theorien bestätigen. Sie befürchtete aber, dass die Cyclops einen deutschen Hafen angelaufen hätte, auch wenn dafür ihrer Meinung nach eine weitere Bunkerung mit Kohle notwendig gewesen wäre. Am 15. April wurde ein geheimer Funkspruch an alle Niederlassungen des Marinenachrichtendienstes (Office of Naval Intelligence) nach Südamerika gesendet, mit der Nachfrage, ob irgendetwas zum Verbleib der Cyclops bekannt geworden sei. Da deren letzter Hafen Bridgetown auf Barbados war, ging diese Nachricht auch den dort ansässigen Konsul Livingston. Dieser schrieb am selben Tag einen Brief, der am 17. April im Außenministerium vorlag.

„15. Vertraulich. Kapitän Cyclops gab an, 600 Tonnen Kohle an Bord hätten ausgereicht, um Bermuda zu erreichen. Maschinen sind in sehr schlechtem Zustand. Nicht genug Geld an Bord, daher sollte ich bezahlen. Ungewöhnlich zurückhaltend. Ich habe festgestellt, dass er hier eine Tonne Fleisch, eine Tonne Mehl und tausend Pfund Gemüse an Bord nahm. Dafür habe ich 775 Dollar bezahlt. Von verschiedenen Quellen habe ich Folgendes erfahren: Er hat ausreichend Kohle, die angeblich minderwertig war und die er deshalb mit hochwertiger Kohle mischen wollte. Vermutlich hat er 1.500 Tonnen. Kapitän deutete an, dass er von anderen „damned dutchman" genannt wurde. Scheinbar unbeliebt bei den anderen Offizieren. Gerüchte über Unruhen auf dem Weg hierher. Männer sollen eingesperrt und einer hingerichtet worden sein; auch waren Gefangene von der US-Flotte in Brasilien an Bord, wovon einer unter lebenslanger Haft stand. Der US-Generalkonsul Gottschalk war unter den Passagieren, 231 Mann an Bord ausgenommen Offiziere und Passagiere. Darunter viele mit deutschem Namen. Eine Anzahl von telegraphischen und drahtlosen Nachrichten, die an den Kapitän oder die Mannschaft gerichtet waren, kamen hier an. Alle Telegramme für Barbados sind im Hauptsitz auf St. Thomas bekannt. Ich habe vorgeschlagen, diese dort prüfen zu lassen. Obwohl ich keine eindeutigen Gründe habe, fürchte ich ein Schicksal, das schlimmer ist als der Untergang, obwohl es möglicherweise auf einer instinktiven Abneigung gegen den Kapitän beruht. Livingston, Konsul."

Das Schreiben von Livingston veranlasste den Marineeinsatzleiter der US-Navy dazu, in einem Brief an Admiral William H. Sims, dem ranghöchsten amerikanischem Marineoffizier in Europa, zu bemerken, was auch immer mit der Cyclops geschehen sei, sie wurde wohl nicht versenkt. Dies war das Eingeständnis der US-Navy, dass für den Untergang eines ihrer größten und modernsten Schiffe offensichtlich kein Feind verantwortlich war. Er gab selbst zu, dass diese Einschätzung auf seiner Abneigung gegenüber Worley beruhte, wie es auch schon bei Livingston der Fall gewesen war.

Der Brief von Livingston lässt vermuten, dass es an Bord zu einer Meuterei gekommen sein könnte. Allerdings hielt die Marine dies für äußerst unwahrscheinlich, denn es gab bisher auf keinem ihrer Schiffe eine Meuterei. Allerdings planten auf der USS ROCHESTER Besatzungsmitglieder eine Meuterei. Diese Pläne wurden aber rechtzeitig aufgedeckt. Wenige Tage später, am 20. April, hieß es in einer Stellungnahme der Marine:

„Die Theorie, dass sie von dem Kapitän oder deutschen Verschwörern aus der Besatzung entführt wurde, ist nicht unmöglich, wenn auch sehr unwahrscheinlich. Wenn sie entführt wurde, ist es möglich, dass sie als Hilfskreuzer im Südatlantik operiert. Es könnte auch sein, dass sie vorher ihre Ladung Manganerz nach Deutschland gebracht hat."

Statt selbst vor Ort auf Barbados mit Konsul Livingston zu reden und seine Hinweisgeber zu befragen, wartete der Marinenachrichtendienst, bis das von Barbados kommende britische Passagierschiff VESTRIS in New York einlief. Deren Besatzung gab in den Vernehmungen an, dass die CYCLOPS weniger Lebensmittel an Bord genommen hatte, als Livingston angab. Eine Befragung der zwei Firmen, die die Kohle an Bord geliefert hatten, ergab, dass jede Firma jeweils 250 Tonnen Kohle geliefert hatte. Angesichts der Größe des Schiffes ist das eine kleine Menge. Dasselbe gilt auch für die an Bord gelieferten Lebensmittel. Diese Mengen reichten nicht aus, um mit dem Schiff und 309 Mann an Bord nach Deutschland zu kommen. Die zusätzliche Proviantnahme rührt wohl eher daher, dass 57 Personen mehr an Bord waren als üblich oder daher, dass Lebensmittel schlecht geworden waren und weggeworfen werden mussten. Außerdem hatte Worley seine Ankunft in Baltimore zuerst für den 7. März angegeben. Auf Barbardos gab er jedoch sein Ankunftsdatum in Baltimore für den 13. März an. Da er sich somit bei der Fahrtzeit um fünf Tage verkalkuliert hatte, liegt es nahe, dass er für diese Tage auch mehr Proviant benötigte.

Dennoch waren mehr als genug Kohlen an Bord: Admiral Caperton gab dem Marinenachrichtendienst gegenüber an, es seien 2.000 Tonnen gebunkert worden. Wie groß die Restmenge Kohle, die beim Bunkern noch an Bord war, ist nicht bekannt. Die CYCLOPS benötigte 31,25 Tonnen pro Tag. Auf der Reise südwärts von Newport News nach Rio de Janeiro hatte sie ein Etmal (Etmal ist die täglich zurückgelegte Strecke) von 360 Seemeilen. Die Reise dauerte 18 Tage, wobei ca. 560 Tonnen Kohle verbraucht worden wären. Dabei wird vereinfacht nur die Fahrt über Grund ohne den Versatz durch Strömung berücksichtigt.

Auf der Reise von Rio de Janeiro nach Barbados hatte sie eine reduzierte Geschwindigkeit von 10 Knoten, da nur eine Hauptmaschine lief. Das entspricht einem Etmal von 240 Seemeilen. Sie verließ Rio de Janeiro am 16. Februar. Im 750 Seemeilen entfernten Bahia kam sie vier Tage später am 20. Februar. an Von dort lief sie am 22. zum 2.700 Seemeilen entfernten Barbados aus. Dort kam sie am 3. März, also neun Tage später (1918 war kein Schaltjahr) an. Weil nur eine Hauptmaschine lief, konnte sie nur ca. 16 Tonnen Kohlen am Tag verbrennen. Sie fuhr also insgesamt 13 Tage. Das entspricht einem Verbrauch von 208 Tonnen. Insgesamt hatte sie von den gebunkerten 2.000 Tonnen erst 208 verbraucht. Also stünden fast 1.800 Tonnen für die Reise von Barbados nach Baltimore zur Verfügung. Worley hatte erst eine Dauer von 9 Tagen eingeplant, später in Barbados sprach er von 14 Tagen. In diesen 14 Tagen Fahrt mit nur einer Hauptmaschine würde die Cyclops ungefähr 224 Tonnen verbrauchen. Es war also mehr als ausreichend Kohle für eine Fahrt nach Baltimore an Bord. Selbst für eine ca. 16-tägige Fahrt in einen über 4.000 Seemeilen entfernten deutschen Hafen hätte sie genug Kohle gehabt.

Am 29. April 1918 erhielt der Geheimdienst der Marine einen ausführlichen Brief von Walter McDaniel, der im Herbst 1917 als Heizer auf der Cyclops gefahren war. In dem Brief schilderte McDaniel, dass er sich beim Landgang in Norfolk, Virginia, eine Pistole gekauft hatte. Als seine Kameraden fragten, warum er sich eine Pistole zugelegt hat, antwortete er: *Falls die Cyclops sinken und er von einem deutschen U- Boot als Kriegsgefangener genommen werden würde, könnte er sich damit verteidigen.* Er bezeichnete neben Kapitän Worley auch Fähnrich Schonof und den Heizer Wiesenthal als pro deutsch. Von den Maschinisten waren viele sehr deutschfreundlich eingestellt. Sie wollten daher McDaniel, der eindeutig antideutsch war, vom Schiff haben. Ausführlich berichtete er von merkwürdigen Zwischenfällen beim Landgang in Verbindung mit deutschen Sympathisanten innerhalb der US-Navy. Diese stufte McDaniel als zuverlässigen Zeugen ein und verhörte mehrere Verdächtige.

Besonders genau sah sich der Geheimdienst die Mannschaft der letzten Reise an. Dabei stieß er auf Albert Georg Winkle. Er ist derjenige, der Conrad Nervig in Rio de Janeiro abgelöst hatte. Winkle kam von der Glacier und Nervig nahm seine Position dort ein. Winkles Privatleben wurde genau durchleuchtet und man fand auch etwas: Er war mit zwei Frauen gleichzeitig verheiratet. Lillian Winkle und seine Tochter Beatrice Winkle bestätigten dies. Er soll einfach von zu Hause verschwunden und zum Marinehilfsdienst gegangen sein, wobei er seine Frau Lillian mit seiner Tochter mittellos zurückließ. Lillian wurde auch als glaubwürdige Zeugin eingestuft. Sie sagte weiter aus, dass ihr Mann eigentlich Voight Rex hieß. Seit 1898 nannte er sich nach einem Engländer Winkle und benutzte seinen Geburtsnamen nicht mehr. Er wurde 1878 in Celle geboren und wanderte irgendwann in die USA aus. Wie Worley muss auch Winkle ein unangenehmer Zeitgenosse gewesen sein. Er log über sein Alter und bestritt verheiratet zu sein. Vielleicht auch deshalb, weil er als 37-jähriger Mann mit einem Teenager liiert war. In seiner Heiratsurkunde mit Lilian waren George F. Winkle als Vater und Frieda Dewes als Mutter angegeben. Auch Beatrice sagte aus, dass sein richtiger Name Voight Rex war. Sie sagte auch aus, dass Winkle in Hannover geboren wurde. Nach seiner Personalakte war Albert George Winkle 1883 im französischem Lorrain geboren worden. Lorrain ist französich für Lothringen, das 1883 zwischen Deutschland und Frankreich aufgeteilt war.

Ein Kapitän sagte über Winkle, dass er ausweichende Antworten gab, wenn er über den Geburtsort und Herkunft befragt wurde. Die Ermittlungen des Geheimdienstes der Marine ergaben, dass es unter ihren Leuten eine große Clique deutschfreundlicher Offiziere gab. Nachbarn von Winkle sagten aus, dass dieser über die Überlegenheit der deutschen U-Boote und die Unbesiegbarkeit Deutschlands gesprochen hatte. Winkle soll auch, bevor die USA in den Ersten Weltkrieg eingetreten waren, deutsche Marineoffiziere zum Essen eingeladen haben. Diese sollten später einen russischen Frachter versenkt haben. Solche Aussagen von Nachbarn sollten aber nicht überbewertet werden.

Belastbarer sind schon die Aussagen der Standard Oil Company, bei der Winkle seit Februar 1915 angestellt war. Bereits im Juli 1915 wurde ihm wegen Unzuverlässigkeit und Trinkerei gekündigt. Als er im Januar 1915 sein Kapitänspatent machen wollte, gab er an in Deutschland geboren zu sein. Die Ermittler konnten über Winkle nur den Kopf schütteln. Aber sicher ist ihnen dabei auch etwas mulmig geworden, da ihnen klar wurde, dass es innerhalb der Marine Loyalitätsprobleme gab.

Winkles persönlicher Hintergrund ist wichtig, da er besondere Beziehungen zu der Südamerikaflotte der Marine hatte. Die meisten Seeleute, die als Passagiere mit der CYCLOPS in die USA zurückfuhren, stammten von der PITTSBURG, die vor Südamerika patrouillierte. Darunter waren auch die Gefangenen, von denen einige einen homosexuellen Kameraden zusammengeschlagen hatten. Der Autor Gian S. Quasar vermutete, dass die Gefangenen während der Seereise die Unruhen an Bord nutzen könnten, um sich mit Hilfe deutschfreundlicher Besatzungsmitglieder zu befreien, um sie zu einer Meuterei anzustiften.

Hoffnungen der Angehörigen sind vergeblich

Beatrice Winkle erklärte später, dass sie der Meinung sei, ihr Vater sei noch am Leben: *„Ich glaube nicht daran, dass die CYCLOPS auf See verloren ging und mein Vater tot ist. Wir beide denken, dass er ein Kriegsgefangener ist. Meine Hoffnung stützt sich weitgehend auf Frau Hutchinson, 1336 W. 30th Street, Los Angeles, deren Sohn an Bord der CYCLOPS war. Diese hat die Information, dass ihr Sohn noch am Leben sei von einer Frau Lilian Bently aus Long Beach, Kalifornien.“*

Obwohl der Untersuchungsausschuss der Meinung war, dass hier hauptsächlich der Wunsch der Vater des Gedankens war, nahm er sich der Sache an. Frau Bently wurde besucht und ihre Aussage war alarmierend. Sie sagte aus, dass ihr Bruder Louis E. Samson, der mit dem Marinehilfsdienst in Frankreich war, in Paris einen Mann namens Barny Devoe getroffen hatte. Devoe war unter den Gefangenen, die mit der CYCLOPS in die USA zurückgebracht werden sollten. Selbstverständlich kann es sich hierbei um eine Verwechslung handeln. Ein Leutnant vom Flugdienst der Marine in Frankreich gab an, dass das Schiff vor einem Monat in der Nordsee gesehen wurde. Beweise dafür konnte er nicht nennen. Auch gab es keine Beweise für die Behauptung, dass sich der Heizer Roy Scroggins in deutscher Kriegsgefangenschaft befinden sollte. Auch Irene Porter, Mutter von Amos Porter, der als Passagier der PITTSBURGH auf der CYCLOPS war, hatte von Seeleuten gehört, dass ihr Sohn in deutscher Kriegsgefangenschaft sei. Aber auch das schien nur Gerede zu sein und entbehrte jeder Grundlage. Sie schrieb an die amerikanische Botschaft in Paris, die ihr auch nicht weiterhelfen konnte. Viele Zeitungen berichteten über ihren Fall und andere Betroffene meldeten sich bei ihr und teilten die Hoffnung, dass ihre Söhne noch lebten. Sie hofften alle, dass die CYCLOPS nach Deutschland entführt worden war und ihre Söhne in Kriegsgefangenschaft waren.

Der letzte Brief, den Roy Scroggins von Bord nach Hause schrieb endete mit starken Vorwürfen gegenüber Worley: *„Auf der letzten Reise hatte der Kapitän die Jungs fast verhungern lassen. Diese waren daher kurz davor, ihn über Bord zu schmeißen.“* Mit der letzten Reise kann er nicht die Fahrt nach Frankreich gemeint haben, da er während dieser noch nicht an Bord war. Er konnte den Brief nur in Ruhe schreiben, weil er an Land war. Auf dem Schiff wurden die Briefe anscheinend kontrolliert.

Ein weiterer Brief eines Besatzungsmitgliedes, der für Aufsehen sorgte, stammte von dem jungen Will Wolf. Datiert war der Brief mit dem 23. Januar und er wurde aus Bahia abgeschickt. Will schrieb darin: *„Wir werden bis nächstes Jahr unterwegs sein und werden von Brasilien aus rübergehen.“* Das war jedoch keineswegs die Planung der Marine. Hatte Will an Bord etwas von einer geplanten Entführung des Schiffes mitbekommen?

Der Quartiersmeister James Ryan schrieb vor seiner Abfahrt einen letzten Brief an seine Frau in West Alexandria (Ohio). Er schrieb darin, dass der Kapitän pro deutsch war und es leicht wäre, das Schiff mit seiner Ladung an einen deutschen Handelskreuzer zu übergeben. Es wäre möglich, dass einer in südamerikanischen Gewässern operiert. Die Besatzung könnte gefangen genommen und das Schiff versenkt werden.

Anfang Mai titelten verschiedene Zeitungen „*Cyclops jetzt Jäger der Hunnen*" und „*Seemann berichtet, dass sein Kapitän pro Deutsch ist*".

Worleys Frau Selma hatte auf einmal keine Ruhe mehr. Unzählige Reporter wollten sie befragen. Einerseits suchte sie die Öffentlichkeit, um ihren Mann zu verteidigen, andererseits versuchte sie sich zurückzuziehen. Daher gab sie leider keine Antwort auf die wichtige Frage, warum sie so plötzlich ihr Haus verkaufen möchte. Nachdem die Cyclops überfällig gemeldet wurde, besuchte sie in Norfolk Angehörige von Besatzungsmitgliedern und erklärte, dass sich die Sache bald aufklären würde. Der einzige Grund für diese Annahme war die Hoffnung, ihren Mann wiederzusehen. Bereits in der Nacht zum 17. April erklärte sie einer Norfolker Zeitung „*das Rätsel um die Cyclops wird sich innerhalb von 24 Stunden aufklären*".

In Norfolk war Worley als deutschfreundlich bekannt. Nachdem die USA in den Krieg eingetreten waren, stritt sich Worley mit einem französischstämmigen Barbesitzer über den Krieg. Betrunken zog er über Franzosen und Briten her. Er musste von mehreren beruhigt werden, damit er keine Schlägerei anfing. Daher kamen in Norfolk auch schnell die Gerüchte auf, dass er sein Schiff an die Deutschen ausgeliefert hätte. Seine Frau versuchte daher, Worley mit ihren Aussagen zu verteidigen und stürzte sich auf jede Theorie, die ihren Mann in gutem Licht dastehen ließ. Wie etwa die Theorie, das Schiff würde mit defekter Funkanlage beschädigt umhertreiben.

Sie verstrickte sich immer mehr in Widersprüche und wurde unglaubwürdig. In einem Telegram an J. A. Goodwin, einem Freund Worleys aus San Francisco, gestand sie „*George ist tot, mein Herz ist gebrochen.*" Goodwin unterstützte Selma und begann, seinen alten Freund zu verteidigen. Das tat er wohl etwas übereilt. Bereits vier Tage nach der Nachricht von Selma schrieb er einen langen Brief an die Marine. Dieser endet: „*Er liebte seine Frau sehr und tat alles für seine Tochter. Bevor er zu seiner Reise mit der Cyclops aufbrach, erhielt ich einen Brief von Frau Worley – ich glaube am 1. Januar – in dem sie schrieb, sie habe ihn noch niemals scheitern sehen, aber als seine Tochter krank wurde und sie vielleicht Scharlach hatte, fürchtete er sie zu verlieren. Sie riefen den Doktor nicht, da sie befürchteten, Worley würde in Quarantäne müssen und könnte die Reise nicht antreten. Worley sprach immer davon, dass die USA die beste Marine der Welt hatten.“*

Wusste Goodwin von Worleys Affären mit Prostituierten und hat diese absichtlich nicht erwähnt? Wenn Worley alles für seine Tochter tun würde, warum hat er dann nicht den Arzt gerufen, als sie Scharlach hatte? Die Fragen zeigen, dass Goodwins Versuch, seinen alten Freund zu verteidigen, nicht besonders clever war. Denn er brachte die Marine damit auf eine wichtige Frage: Warum war es Worley so wichtig, die Reise anzutreten? Er hätte stattdessen auch bei seiner Tochter bleiben, bzw. schlimmstenfalls in Quarantäne gehen können.

Eine andere wichtige Frage war, warum Worley das Haus und seinen Besitz so schnell verkaufen wollte. Das Haus gehörte seiner Frau, was einige Leute merkwürdig fanden. Es könnte aber sein, dass er das Haus für den Fall, er würde den Krieg nicht überleben, seiner Frau überschrieben hatte. Dies hätte er allerdings auch testamentarisch regeln können. Selma fand einen Käufer und das Haus wurde schon zu dem Zeitpunkt, als die CYCLOPS von Rio die Heimreise antrat, verkauft. Am 7. Mai zog Selma wieder in die Nähe ihrer Heimat, nach Port Orchard in Washington. George Worley hatte erzählt, dass er sich in San Francisco zur Ruhe setzen wollte. Seine Beziehung zu zwei Prostituierten ließen einen anderen Verdacht aufkommen – hat Selma von den Affären ihres Mannes etwas erfahren und wollte sich deswegen von ihm trennen? Dafür fand sich aber kein Beweis.

In einem Brief an ihre Schwester S. Angermann und ihren Neffen Ewald Angermann schrieb Selma, dass sie durch den ganzen Trubel ein nervöses Wrack geworden war. Sie ging davon aus, dass die CYCLOPS im Sturm gesunken war, ansonsten hätte sie ja irgendwo Kohle bunkern müssen. Dies ist für das Ansehen von George Worley die bessere Version, als die, er hätte das Schiff den Deutschen übergeben. Außerdem könnte die Erzladung verrutscht sein. Denn Fred (in dem Brief nannte sie merkwürdigerweise George immer Fred) hatte sich schon mal bei der Marine darüber beschwert, dass sein Schiff toplastig beladen sei, worauf er dazu gedrängt wurde, die Fahrt dennoch zu machen. Vielleicht war das diesmal auch der Fall. Außerdem erwähnte sie, dass eine Maschine defekt war. Sie lobte ihren Mann über alles. So hatte er einmal statt für 100 Dollar für 500 Dollar Kriegsanleihen (liberty loan) gezeichnet, mit der Begründung, er müsse das Fünffache von denjenigen zeichnen, die hier geboren wurden. Der Sekretär H. O. Peterson hatte ihr geschrieben, er würde für Worleys Loyalität seine Hand ins

Feuer legen. Dasselbe berichtete sie von anderen, die mit ihm zur See gefahren waren. Zuletzt hoffte sie noch, ausreichend Geld zu bekommen, um ihre Tochter großzuziehen.

Ewald legte den Brief dem Marinenachrichtendienst in San Francisco vor, um George Worley zu entlasten. Der Brief muss dort für Verwunderung gesorgt haben, denn die Marine war bisher immer davon ausgegangen, dass Worley in San Francisco geboren wurde.

Im Sommer 1918 war George Worley in der Öffentlichkeit bereits verurteilt. Nach den meisten Presseberichten ging man davon aus, dass er sein Schiff an den Feind ausgeliefert oder dass Spione eine Zeitbombe an Bord deponiert hatten. Für die US-Navy wäre das eine bequeme Lösung, wenn sie auch ungern zugeben würde, einen Verräter in ihren Reihen gehabt zu haben. Auch die Angehörigen der Besatzungsmitglieder glaubten lieber daran, dass Worley die USA betrogen und sein Schiff dem Feind ausgeliefert hatte, denn so bestünde noch die Hoffnung, dass ihre Angehörigen als Kriegsgefangene in Deutschland leben würden.

Worleys Frau reagierte bestürzt über die Berichterstattung in den Zeitungen und über die Vorwürfe gegen ihren Mann. Sie verteidigte ihn als rechtschaffenen Amerikaner, der sich nichts hat zuschulden kommen lassen. Jemand hatte sich bei ihr gemeldet und behauptet, das Schiff sei in Sicherheit. An dieser Behauptung war aber nichts dran. Da ihr Mann in den Medien als Betrüger und Vaterlandsveräter dargestellt wurde, gab sie im *Literary Digest* eine Stellungnahme ab, um ihn zu verteidigen: *„Glauben Sie, mein Mann würde Amerika, mich und seine kleine Tochter betrügen? Mein Mann war durch und durch Amerikaner. Er hasste Deutschland. Er kam hierher, da er Frieden suchte und er würde kämpfen und sterben, um den Frieden zu verteidigen. Er ist ein genauso guter Amerikaner, wie jeder, der in Amerika geboren wurde und viel besser als diejenigen, die jetzt seinen Patriotismus anzweifeln. Ich hoffe, er und seine Begleiter sind noch am Leben.“*

Theorien ohne Beweise

In dem Brief an ihre Schwester und ihren Neffen schrieb Selma Worley wieder, dass der Sturm, der am 10. März an der Küste von North- und South Carolina gewütet hatte, der CYCLOPS zum Verhängnis geworden wäre. In der Presse wurde diese Theorie erst im Frühjahr 1919 stark publiziert, nachdem sich nach Kriegsende herausgestellt hatte, das die Deutschen mit dem Schicksal der CYCLOPS nichts zu tun hatten.

Dies war wohl auch eine Theorie, die die Marine für wahrscheinlich hielt. Das Schiff konnte allerdings nur ein Etmal von 250 Seemeilen schaffen und wäre an dem Tag, an dem der Sturm seinen Höhepunkt erreichte, erst auf der Höhe von Florida. Denn der Dampfer AMALCO geriet 375 Seemeilen nordöstlich von Norfolk in diesen Sturm und musste vom 9. März mittags bis zum 10. März mittags beidrehen. Laut Aussage des ersten Offiziers war es der schlimmste Sturm, den er je erlebt hatte. Die Brücke der AMALCO wurde zertrümmert und die Rettungsboote schlugen leck. Auch der Rumpf und die Maschinenanlage wurden beschädigt. Der Schaden wurde auf 150.000 Dollar geschätzt. Der Steuermann W. J. Riley äußerte gegenüber der Zeitung *Virginia-Pilot* die Vermutung, dass die CYCLOPS wahrscheinlich in denselben Sturm geraten und gesunken war. Es gab auch Gerüchte, dass von der AMALCO beobachtete wurde, wie sie vor der Küste Carolinas gegen den Sturm ankämpfte. Diese besagten auch, dass *„im Logbuch der AMALCO vermerkt ist, dass die CYCLOPS in der Nacht vom 9. März im Abstand von 5 Meilen passiert wurde. Am 10. März zerstörte der Sturm die AMALCO“*. Deren Kapitän Charles Hillyer wurde vom Marinenachrichtendienst vernommen. Er sagte aus, dass er 80 Seemeilen südlich vom Nantucket Feuerschiff am 9. oder 10. März auf den heftigsten Sturm, den er je erlebt hatte, traf: *„Die heftigen Seen, die über das Schiff hereinbrachen, beanspruchten den Rumpf und die Maschine auf das Äußerste, zerstörte die Rettungsboote und die Brücke, rissen das Toplicht mit sich. Trotz allem sank das Schiff nicht.“* Hillyer sagte aus, dass weder er noch sonst irgendjemand an Bord die CYCLOPS gesehen hat, und dass es auch keinen Logbucheintrag darüber gibt.

Der an dem Thema recherchierende Reporter Harry P. Moore stellte fest, dass die US-Behörden seine Recherchen herunterzuspielen versuchten. Dabei blieb es aber nicht. Ihm wurde mit einer Klage gedroht, sollte er weiterhin behaupten, dass die CYCLOPS verschollen sei.

Der *Virginia Pilot* berichtete am 21. April, dass die Regierungsbeamten in Washington nicht glauben konnten, dass ein Kohlentransportschiff mit 304 Personen an Bord so ohne weiteres verschwinden konnte. Es soll daher an einige Schiffe der Befehl gegangen sein, nach Spuren der Cyclops zu suchen und deren Route genauestens zu verfolgen. Dabei sollten auch die Strände der in diesem Gebiet befindlichen Inseln abgesucht werden. Regierungsvertreter gaben zu, dass keine der bisher aufgestellten Theorien, die das Verschwinden des Schiffes erklären sollten, bei Berücksichtigung der bekannten Fakten plausibel war. Verwundert war man vor allem darüber, keinen Notruf von der Cyclops empfangen zu haben. Aber wenn eine Explosion gleichzeitig die intakte Antriebsmaschine und die Funkanlage zerstört hätte, dann gäbe es auch viele Wrackteile. Die einzige wage Erklärung der Marine war, dass ein plötzlicher Hurrikan, die in diesem Seegebiet nicht selten sind, das Schiff zum Sinken gebracht hatte.

Allerdings zeigt 1909 der Untergang des 1908 gebauten Linienschiffs Waratah der Blue Anchor Line vor Südafrika, dass ein großes Schiff, ohne jegliche Wrackteile zu hinterlassen, sinken kann.

Bis Mai wurde erfolglos nach der Cyclops gesucht. Währenddessen untersuchte die Marine die Stabilität des Schiffes. Sie kam zu dem Schluss, dass das Schiff zwar unangenehm und ruckhaft, aber nicht zu sehr geschlingert haben musste. Erstmals zog sie auch ein Übergehen der Ladung in Erwägung, wodurch die Seite des Decks eingetaucht wäre und das Schiff hätte sinken können.

Der Marinenachrichtendienst stellte verschiedene Theorien über den Verbleib des Schiffes auf:

1. Meuterei der Mannschaft, die das Schiff dann entführt hat
2. Untergang nach Torpedierung
3. Explosion der unter bestimmten Umständen sehr feuergefährlichen Manganerzladung
4. Auseinanderbrechen oder Kenterung des Schiffes infolge des übermäßigen Schlingerns
5. Auslieferung des Schiffes an die Deutschen durch Kapitän Worley
6. Zerstörung des Schiffes durch U-Boote mithilfe von Kapitän Worley

Die Marine kam zu dem Schluss, dass alle diese Theorien unhaltbar seien. Vor allem das Marineamt in Rio de Janeiro wollte von Sabotage nichts wissen.

Aber das Gerücht der Sabotage – Worley hätte das Schiff nach Deutschland gebracht oder geholfen, es zu versenken – hielt sich hartnäckig. Es ist äußerst zweifellhaft, wie es Worley mit einigen Helfer gelungen sein sollte, 304 Personen an Bord in seine Gewalt zu bekommen. Obwohl viele Besatzungsmitglieder deutsche Namen hatten, standen die meisten Seeleute auf der Seite der USA. Worley war zwar ein kranker und etwas verstörter Mensch, dies erklärt jedoch allein noch lange nicht das Verschwinden des Schiffes.

War es Sabotage?

Es ist aber verständlich, dass der Verdacht der Sabotage bestand, da es in den USA immer wieder zu Fällen von deutscher Sabotage kam. An Bord des in Hoboken (New York) internierten Schiffes FRIEDRICH DER GROSSE wurden kleine Brandbomben (sogenannte Füllfederhalterbomben) hergestellt, die der deutsche Spion Franz von Rintelen entwickelt hatte. Diese wurden bei dem bereits erwähnten Anschlag auf den Black Tom Pier im Juli 1916 benutzt. Es gelang auch, mit diesen Brandbomben 40 mit militärischen Gütern auslaufende Schiffe in Brand zu setzen. Hinter dieser Aktion stand neben Franz von Rintelen auch Franz von Papen. Von Papen war von 1913 bis 1918 deutscher Militärattaché in Washington und baute ausgehend von New York ein Spionagenetzwerk in Amerika aus. Er versuchte, die mexikanische Regierung deutschfreundlich zu stimmen. Seine Spionagegruppe stattete Reservisten des deutschen Heeres mit gefälschten Pässen neutraler Staaten aus, damit diese durch die Seeblockade nach Deutschland reisen konnten. Deutsche Schiffe, die im Pazifik patrouillierten, wurden durch von Papens Gruppe von San Francisco aus versorgt. Franz von Papen gründete die Firma Bridge Projcectile Company, deren Aufgabe darin bestand, US-amerikanische Industriebetriebe mit Aufträgen zu überfluten. Dadurch sollte erreicht werden, dass die Betriebe weniger Kapazitäten für militärische Aufträge hatten. Auch versuchte er, möglichst viel Toluol aufzukaufen, damit die USA weniger TNT produzieren konnten. Dies flog jedoch auf und Franz von Papen und einige Mitglieder seiner Gruppe wurden im Dezember 1915 in den USA angeklagt. Er wurde schließlich auf Ersuchen von Präsident Wilson aus den USA ausgewiesen. 1932 wurde Franz von Papen für kurze Zeit Reichskanzler der Weimarer Republik. Franz von Rintelen wurde bereits 1915 nach einem Streit mit seinem Vorgesetzten Franz von Papen nach Berlin zurückbeordert. Er wurde verdächtigt, dafür gesorgt zu haben, dass das niederländische Passagierschiff, mit dem von Rintelen nach Europa fuhr, aufgebracht und von Rintelen in England interniert wurde.

Gab es vielleicht eine Verbindung zwischen der deutschen Spionagegruppe in New York und den deutschen Spionen in Rio de Janeiro? Könnte Franz Hohenblatt, der für die Verschiffung der Manganerzladung verantwortlich war und später verschwand, dabei eine Rolle gespielt haben? Bevor die CYCLOPS zu ihrer letzten Reise auslief, wurden Pläne bekannt, dass Spione einen Anschlag auf eine Reparaturwerft am Delaware River geplant hatten.

Am 1. Juni 1918 wurde die CYCLOPS offiziell als verschollen und damit alle an Bord befindlichen Personen für tot erklärt. Damit war das Thema für die Medien noch keineswegs erledigt – immer wieder kamen neue Gerüchte auf. Sie soll in Kiel, Antwerpen, in der Adria, der Antarktis und vor Kolumbien gesichtet worden sein. Dann hieß es, sie sei von einem brasilianischen Zerstörer torpediert worden. Beweise hierfür gab es aber keine.

Wie sah es mit der Stabilität aus?

Zwei Tage, nachdem die CYCLOPS zum Totalverlust erklärt wurde, sendete D. T. Warden, Manager der Schifffahrtssparte der Standard Oil Company, einen Brief an die US-Navy. Er schlug darin vor, dass genau untersucht werden müsse, wie das Schiff beladen wurde. Denn Manganerz müsse sehr vorsichtig geladen werden. Durch die sehr hohe spezifische Dichte dieser Ladung würde der Gewichtsschwerpunkt des Schiffes weit unten liegen, falls das Manganerz direkt auf dem Laderaumboden gestaut würde. Der niedrige Gewichtspunkt des Schiffes würde im Seegang dazu führen, dass das Schiff ruckartig rollen würde. Dies führe zu einer erheblichen Belastung der Schiffsstruktur. Die große Lade/Löscheinrichtung an Deck des Schiffes könnte dazu führen, dass das Schiff sich in besonders heftiger See nicht mehr aufrichten würde und schließlich kentern könnte. Warden beendete den Brief mit dem Hinweis, dass bei einer solchen Kenterung keine Zeit dafür dagewesen wäre, die Rettungsboote klarzumachen. Daher gebe es auch keine Überlebenden und keine Trümmerteile. Die CYCLOPS hätte alles mit sich in die Tiefe gerissen. Der Brief wurde an Admiral David W. Taylor, Leiter der Abteilung für Schiffskonstruktion und Reparatur, weitergeleitet.

Dieser antwortete an den Leiter der Betriebsabteilung der US-Navy am 7. Juni 1918:

„Die Abteilung hat die Stabilität der CYCLOPS eingehend untersucht. Unter normalen Umständen beträgt das Deplacement (Verdrängung) 19.100 Tonnen, was zu einem Tiefgang von 8,30 m und einer metazentrischen Höhe von 12,25 m führt. Das entspricht ungefähr dem Konstruktionstiefgang von 8,46 m und dem Konstruktionsdeplacement von 19.360 Tonnen. Der geringe Unterschied ist baubedingt. Der maximale Tiefgang bis zur Einsenkungsmarke ist 9 m, was einem Deplacement von 21.000 Tonnen entspricht. Der genaue Beladungszustand beim letzten Auslaufen ist nicht bekannt, außer dass sie 10.600 Tonnen Manganerz geladen und viel Bal-

Schwimmstabilität

Stabilität ist die Fähigkeit eines Schiffes, sich aus einer Neigung wieder aufzurichten. Bei einem Schwimmkörper greift die Gewichtskraft des Körpers im Schwerpunkt G an. Die Gegenkraft dazu ist die Auftriebskraft F, die im Formschwerpunkt angreift, solange der Schwimmkörper aufrecht schwimmt. In diesem Fall wirken G und F in entgegengesetzter Richtung der gleichen Ebene. In dieser Lage heben sich beide Kräfte auf und es stellt sich ein Tiefgang zu der Schwimmlage ein.

Wirkt eine äußere Kraft auf den Schwimmkörper, so wandert der Angriffspunkt der Auftriebskraft unter Neigung F` um die Strecke H aus. Der Formschwerpunkt verschiebt sich, da sich die Form des eingetauchten Teils des Schwimm-

lastwasser an Bord hatte. Die genauen Informationen, wie die Ladung gestaut war, liegen nicht vor, es ist aber offensichtlich, dass die Ladung die metazentrische Höhe erhöht hat. Angenommen mit dieser Beladung von 10.600 Tonnen Manganerz und mit Ballastwasser in den gefüllten Doppelböden und Hochtanks (3.896 Tonnen), der Navy Besatzung und 250 Passagieren (als Passagiere wird hier die Besatzung vom Marinehilfsdienst bezeichnet), 1.000 Tonnen Kohle in den Bunkern ergeben sich folgende Daten: Deplacement: 22.000 Tonnen, mittlerer Tiefgang 9,45 m (38 cm über dem Maximaltiefgang), metazentrische Höhe: 3 m.

Es ist Kapitän Worley gegenüber nicht fair anzunehmen, dass er mit einem überladenen Schiff ausgelaufen sei, wahrscheinlich ist die Angabe von 4.000 Tonnen Wasser, die an Bord gewesen sein sollen, falsch. Denn wenn das Schiff mit einer metazentrischen Höhe von 30 cm ausgelaufen wäre, hätte es sofort angefangen unangenehm und schnell zu rollen, wobei die große metazentrische Höhe dagegengewirkt hätte. Die Rollamplitude wäre mit dieser metazentrischen Höhe klein gewesen. Die einzige Bedingung, die zu großen Rollbewegungen geführt hätte, wäre eine Synchronisierung der Wellenlänge und der doppelten Rollamplitude des Schiffes. Diese hätte unter den gegebenen Beladungsbedingungen 7,2 Sekunden betragen. Allerdings hätte ein erfahrener Kapitän direkt den Kurs geändert, wenn er festgestellt hätte, dass sein Schiff parametrisch anfängt zu rollen, um zu vermeiden, dass die Stabilität weiter abnimmt. Darüber hinaus ist es unwahrscheinlich, dass sich Wellen gebildet haben, die zu einem parametrischen Rollen hätten führen können. In einem Sturm auf dem Atlantik entstehen normalerweise Wellen mit einer Periode von 10-11 Sekunden. Wenn keine besonderen Vorkehrungen getroffen wurden, um die Ladung gegen Verrutschen zu sichern, kann es sein, dass das körpers geändert hat. Die durch F` verlaufende Auftriebsrichtung schneidet in einem Punkt die Mittschiffsebene. Dieser Punkt ist das Metazentrum, der Drehmittelpunkt des Schwimmkörpers.

Der Abstand zwischen dem Metazentrum und Gewichtsschwerpunkt (GM) des Schwimmkörpers ist die metazentrische Höhe. Dies ist ein wichtiger Wert für die Stabilität des Schiffes. GM muss positiv sein, darf aber auch nicht zu groß sein.

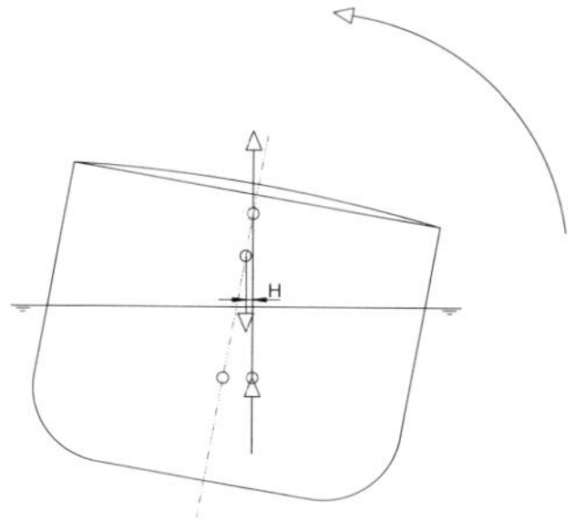

schwere Erz auf eine Seite gerutscht ist. Dadurch hätte das Schiff soweit krängen können, dass die Seite des Decks eintaucht. Dies wäre eine äußerst gefährliche Situation. Es ist jedoch von keinem Schiff, das zu der gegebenen Zeit dieselbe Route befuhr, unnormales Wetter gemeldet worden. Für unsere Abteilung gibt es keinen ausreichenden Beweis, der eine vernünftige Vermutung für das Verschwinden zulässt. Das Schiff hat während seines jahrelangen Betriebes seine Seetüchtigkeit unter Beweis gestellt.“

Bei der Untersuchung wurden verschiedene Ladefälle angenommen. Alle führen zu einer metazentrischen Höhe von ca. 3 m. Dieser Beladungszustand würde zu schnellen Rollbewegungen führen, die aber normalerweise nicht gefährlich werden. Selbst bei stärkerem Seegang würde eine Krängung von 35° nicht erreicht werden, bei der Erz in Bewegung gerät.

Entzündete sich die Ladung?

Richmond Levering aus der Rechtsabteilung der Ermittlungsbehörde (Bureau of Investigation aus der später das Federal Bureau of Investigation – FBI – entstand) hatte eine eigene Theorie von dem Schicksal der Cyclops. Er schrieb am 8. Mai 1918 ein Brief an Kapitän Edward McCauley jr., stellvertretender Direktor des Marinenachrichtendienstes. In dem Brief bezeichnete er Manganerz als extremes Oxidationsmittel, das in Verbindung mit Kohlenstaub eine leicht entzündliche Mischung bilden kann. Dies ist im Labor der Ermittlungsbehörde auch nachgewiesen worden. Er geht davon aus, dass sich viel Kohlenstaub in den Laderäumen befunden hat und die Laderäume vor der Beladung mit Manganerz nicht ausreichend gereinigt worden sind. Er schlug vor, die Vorgänge während des Beladens des Schiffes in Rio de Janeiro genauestens zu untersuchen. Schiffsversicherer hatten ihm auf Nachfrage bestätigt, dass Manganerz eine Ladung ist, die häufig zu Unfällen führt. Er riet, in Zukunft darauf zu achten, dass Laderäume gereinigt werden, bevor Manganerz in ihnen geladen wird.

Am 11. Mai 1918 befragte die Ermittlungsbehörde der US-Navy den Zweiten Offizier Lewis des Dampfers Vestris, mit dem die Cyclops zuletzt Funkkontakt hatte. Lewis sagte aus, dass er auch nichts Genaueres über deren Verbleib weiß, erwähnte aber, dass Manganerz keine unproblematische Ladung ist und dass Schiffe mit dieser Ladung häufiger verschollen sind als andere. Daher müssten Schiffe, die Manganerz fahren, besonders stabil gebaut sein, um keine Probleme wegen dem niedrigen Schwerpunkt der Ladung zu bekommen. Dieser führt nämlich zu verstärktem Rollverhalten im Seegang, wodurch der Rumpf besonders stark belastet wird.

Mit Ende des Ersten Weltkriegs begann sich ein Ost-Westkonflikt abzuzeichnen. Für die westlichen Staaten kam mit dem Bolschewismus ein neuer Sündenbock auf. Es dauerte nicht lange, bis es hieß, dass Bolschewiken für das Verschwinden der Cyclops verantwortlich sein sollten.

Auch musste die häufig genannte einsame Insel für das Verschwinden verantwortlich sein. So meldete eine Zeitung, das Schiff sei auf eine nicht kartogra-

Cyclops © Library of Congress

phierte Insel aufgelaufen, auf welcher die Überlebenden ausharren und auf Hilfe warten würde. Eine anderes Blatt berichtete, dass eine versenkbare „U-Bootfestung“ die CYCLOPS mit 15 Zoll Granaten versenkt hatte. Noch origineller war die Behauptung der Zeitschrift *National Marine.* Diese behauptete, das 30.000 Tonnen schwere Schiff solle von einem gewaltigen Tintenfisch zerdrückt und in die Tiefe gezogen worden sein. Der Tintenfisch hätte sehr gewaltig sein müssen.

Wichtigtuer sahen die Stunde für sich gekommen. So erhielt eine Mutter von einem verschollenen Besatzungsmitglied ein Telegramm aus New York. Der Absender gab an zu wissen, dass sich die CYCLOPS in einem deutschen Hafen befindet und ihr Sohn wohlauf sei. Die Frau machte sich umsonst Hoffnungen, denn diese Behauptung entbehrte jeder Grundlage.

Vor allem an der Ostküste der USA wurden Flaschenpostnachrichten gefunden, die angeblich von der CYCLOPS stammen sollten. Eine besagte, das Schiff soll am 7. April 1.000 Seemeilen vor der Küste Neufundlands torpediert worden sein. Auch hierfür wurden keine Beweise gefunden, ebenso wie bei den anderen angespülten Nachrichten.

Ist sie gekentert?

Unter den Experten setzte sich die Vermutung durch, dass die schwere Ladung der CYCLOPS plötzlich verrutscht war und das Schiff zum Kentern gebracht hatte. Dies war die Annahme von dem Kommandanten Mahlon S. Tisdale, der diese 1920 in einem Schreiben an das US-Navyinstitut erläuterte. Tisdale kannte sowohl die CYCLOPS als auch ihr Schwesterschiff NEPTUNE und wusste, dass die Schiffe dazu neigten, sich schnell hart auf die Seite zu legen. Ein Grund hierfür sollten Ballasttanks sein, die U-förmig angeordnet waren und durch die hunderte Tonnen Wasser schnell von einer Schiffsseite zur anderen strömen konnten. Er beschrieb, wie er mit der leeren CYCLOPS bei rauem Wetter vor der Küste Neufundlands fuhr. Durch die plötzliche Schlingerbewegung des Schiffes wurde er von dem Laufsteg, der das Vor- und Achterschiff verbindet, geschleudert. Er landete unsanft auf Deck in der Nähe eines Ballasttankdeckels. Dabei fiel ihm auf, dass dieser nicht verschlossen war.

Als er von seiner Entdeckung Kapitän Worley entsetzt erzählte, lachte dieser nur darüber. Er behauptete, die Ballastdeckel würden in Übereinstimmung mit den Vorschriften von der Marinewerft immer weggelassen. Diese launische Bemerkung Worleys führte noch zu weiteren Diskussionen. In einer Gegendarstellung zu Tisdales Erklärung wies der Kommandant I. I. Yates von der Norfolker Marinewerft darauf hin, dass zu dem Zeitpunkt, als Tisdale die offenen Ballasttanks bemerkte, das Schiff leer war. In Leerfahrt würden die Deckballasttanks ohnehin voll Wasser sein. Das Schiff hat dann so viel Freibord, dass auch bei schlechtem Wetter keine grüne See (überkommendes Wasser) an Deck kommt. Freibord ist der Abstand zwischen der Wasserlinie und der Seite des Decks.

Es gab von der Marinewerft keine Vorschrift, dass die Ballasttankdeckel offengehalten werden solletn. Yates vermutete, dass Worley sich mit seiner Bemerkung über Tisdale lustig gemacht hat und in beladenem Zustand niemals mit offenen Ballasttankdeckeln fahren würde. Tisdale vermutete aber, dass die Cyclops in schwerer See stark ins Rollen kam und dann Wasser über die offenen Ballastdeckel ins Schiffsinnere strömte, was schließlich zum Kentern geführt hatte. Dieser Vorgang würde nur wenige Minuten dauern. Wenn an Deck alles seefest gelascht wäre, würde es auch kaum Wrackteile geben. In so kurzer Zeit ist es auch fast unmöglich einen Notruf abzusetzen, da die Schlagseite so schnell zunimmt, dass es kaum möglich wäre, den Funkraum zu erreichen. Vor allem, wenn sich der Funker nicht auf demselben Deck befindet. Der Funkraum musste zwar seit dem Untergang der Titanic rund um die Uhr besetzt sein, es ist aber bekannt, dass das auf der Cyclops nicht der Fall gewesen war. Die Route von Barbados nach Baltimore kreuzt viel befahrene Schifffahrtswege, so dass ein Funkspruch der Cyclops hätte gehört werden müssen.

Tisdale gab später zu, dass das Schiff bei schlechtem Wetter wie ein ausgelassenes Fohlen auf den Wellen herumsprang, dabei jedoch kaum Wasser an Deck kam. Laut Quasar war er nur 10 Tage an Bord. In den vorhandenen Logbüchern ist vermerkt, dass das Schiff bis zu 48° nach Backbord und Steuerbord sogar bis 56° überholt hatte. Der wesentliche Unterschied zu ihrer letzten Fahrt war aber, dass sie bei diesen extremen Neigungswinkeln Kohle geladen hatte. Eine Ladung Manganerz führt zu einem niedrigeren Gewichtsschwerpunkt und zu kleineren Rollwinkeln. Ob diese ausgereicht hätten, dass die Ladung verrutscht, ist fraglich. Wenn dies allerdings passiert sein sollte, wäre es äußerst wahrscheinlich, dass die Deckseite ins Wasser eintaucht und das Schiff kentern würde.

Beim Anblick von Fotos oder Plänen der Cyclops fallen gleich die massiven Lade-Löscheinrichtungen, die hohen Schornsteine und Lüfter ins Auge. Diese schweren und hohen Bauteile erschwerten das Wideraufrichten des Schiffes zusätzlich.

Die Marine hielt dagegen, dass die Cyclops so schwer wie sie beladen war, steif sein musste. Steif bedeutet in diesem Zusammenhang, dass ein Schiff sich aus einer Krängung schnell und ruckartig wieder aufrichtet. So hätte das Kohlentransportschiff auch bei rauer See kein Wasser übernommen. Die CYCLOPS war zwar trotz ihrer großen Rollwinkel acht Jahre ohne größere Probleme gefahren. Die letzte Reise unterscheidet sich allerdings von allen anderen Reisen durch die Ladung – Manganerz hatte das Schiff noch nie geladen.

Eine andere, von einem Kapitän Zearfoss stammende Theorie bezog sich auf eine andere Eigenschaft von Manganerz. Einige Typen von Manganerz können den Stahl der Laderaumwände angreifen. Seines Erachtens sei die Struktur des Schiffbodens dadurch dermaßen geschwächt worden, dass dieser mitsamt der Ladung komplett nach unten herausgedrückt wurde. Dies hört sich zwar verrückt an, aber es gibt mehrere Untergänge von Bulkcarriern, bei denen dies als Unglücksursache angenommen oder auch nachgewiesen wurde. Allerdings kann das bei der CYCLOPS kaum der Fall sein, die Laderäume waren kaum rostig. Zudem war das Manganerz erst wenige Tage an Bord.

Nach dem Untergang sorgte in Brasilien ein Nachruf auf den amerikanischen Konsul Maurice Gottschalk, der mit dem Schiff verschollen war, für Wirbel. Angeblich wurde der Nachruf veröffentlicht, bevor die Verlustmeldung der CYCLOPS öffentlich bekannt gemacht wurde. Quasar ging dieser Geschichte ausführlich nach und stellte fest, dass diese Legende einzig auf den Aussagen der Besatzung der VESTRIS beruhte. In keiner Zeitung in Rio war ein solcher Nachruf erschienen und kein Priester hat eine Predigt vorbereitet. Vielleicht war das Gerücht von deutschen Spionen in Brasilien gestreut worden.

Dr. H. D. Stailey, der auf der RALEIGH als Leutnant gefahren war, war auch der Ansicht, dass eine Bombenexplosion im Schiff die CYCLOPS zerstört habe. Eine gewaltige Explosion, die auch die Funkanlage zerstört hätte, könnte das Schiff zum Sinken gebracht haben. Hierfür gibt es aber keine weiteren Hinweise und die Bombe hätte auch sehr groß sein müssen, um das Schiff ernsthaft beschädigen zu können. Eine solche gewaltige Explosion hätte auch viele Wrackteile hinterlassen.

Waren es die Deutschen?

Um eine Beteiligung der Deutschen an dem Verschwinden der CYCLOPS ausschließen zu können, erging an Admiral Sims in Europa wenige Tage nach Waffenstillstand der Befehl, alles daran zu setzen, in Deutschland etwas über das Verschwinden des Schiffes herauszufinden.

Alle Recherchen in Deutschland waren jedoch vergebens, die CYCLOPS war in keinem deutschen Hafen zu finden und kein Deutscher wusste etwas über deren

Verbleib. Es wäre auch fast unmöglich gewesen, mit dem Schiff nach Deutschland zu gelangen. Die Alliierten hatten Deutschland mit einer Seeblockade abgeriegelt und es wäre sehr schwer gewesen, diese zu durchbrechen. Nun wurde den Amerikanern schlagartig klar, dass das Verschwinden der CYCLOPS wirklich rätselhaft und nicht ohne weiteres zu klären war. Ende 1918 wurden alle Recherchen der US-Navy in Deutschland, was diesen Fall angeht, eingestellt.

Der Marineminister Josephus Daniels schrieb *„Es gibt kein rätselhafteres Geheimnis in den Annalen der Marine als das Verschwinden der USS CYCLOPS"*. Präsident Woodrow Wilson beschrieb es noch pathetischer *„Nur Gott und das Meer wissen, was mit dem großen Schiff passiert ist."*

Eine Spur führt auf die Bahamas

Im März 1920 erschien ein Mann in der Marinedienststelle von Kansas City und gab an, Wrackteile der CYCLOPS gesichtet zu haben. Sein Name war Donald J. Fraser. Er war mit seinem Boot zwischen den Bahamas und der Bimini Insel unterwegs gewesen und hatte dort etwas Interessantes entdeckt. Der Diensthabende Kommandeur, John K. Richards, nahm die Zeugenaussage auf und leitete sie weiter. Eine Zusammenfassung der Zeugenaussage lautet:

Fraser geriet im Februar in der Nähe der Großen Bahama Bank in einen kleinen Hurrikan, weshalb er Schutz bei der nächsten Insel suchte. Dabei kam er an eine ca. 8-9 Seemeilen südwestlich von Gun Key Island gelegene Stelle, die First Riding Rock genannt wird, an. Er gab folgende Koordinaten an: 25°34'30"N, 79°15'W. Als er dort den Strand erkundete, fand er das Wrack eines Bootes in geklinkerter Bauart, das ein Rettungsboot der Marine gewesen sein konnte. Es waren am Bug die Buchstaben CYCLO zu erkennen. Des Weiteren fand er ein Buch mit den Abmessungen eines Logbuches. Durch das Wasser war es unleserlich. Er legte es unter einen Stein, der 25 m vom Wasser entfernt war. Darüber hinaus fand er noch ein rundes Kupferteil, das von einer Rettungsboje stammen könnte. In 2.000 m Entfernung zu den oben genannten Koordinaten sah er im Wasser ein großes Objekt, das ein Riff, wahrscheinlicher aber ein Wrack gewesen sein kann.

Richards bat Fraser, seine Fundorte in einer Karte zu markieren. Fraser war in Kansas City nur auf der Durchreise und fuhr von dort aus weiter in seine Heimatstadt Chicago. Dort erhielt er einen Brief von Admiral R. E. Coontz, Leiter des Admiralstabs.

Fraser antwortete Coontz:

Gun Cay Island © www.bahamageotourism.com

„... Ich werde die Position so gut ich kann auf einer Karte einzeichnen, aber ich werde den Ort, an den ich das Logbuch gelegt habe, nicht einzeichnen können. Nach meiner Erinnerung habe ich das Logbuch in ungefähr 100 m Entfernung vom Wasser des Weststrandes von North Cat Cay Island unter einem Korallenstein mit einem Gewicht von ca. 50 kg gelegt. Die Reste des Rettungsbootes liegen, bei Ebbe vom Gun Cay Leuchtturm nach Südosten direkt in einer Linie zu dem nächsten Punkt von North Cat Cay, gesehen bei Ebbe. Das kann ich nicht zeichnen. Ich werde morgen Kontakt mit dem Great Lakes Marinetrainingszentrum aufnehmen, damit mir dort jemand hilft, es in eine Karte einzuzeichnen. Ungefähr 500 m östlich (Anm: Der Brief wurde von der Marine häufig kopiert, in den Kopien ist westlich geschrieben), in gerader Linie von North Cat Cay Island gesehen, sieht es so aus, als würde dort ein Wrack in ungefähr 73 m Tiefe liegen. Es könnte auch ein Riff sein. Ich habe damals nicht so genau darauf geachtet ...“

Coontz wartete nicht auf die versprochene Karte von Fraser, sondern schickte direkt Schiffe nach Gun Key Island, um dort nach den Wrackteilen zu suchen.

Während die Schiffe den Strand von Gun Cay Island absuchten, bekam Coontz einen Brief mit einer Karte vom Great Lake Marinetrainingszentrum. In dem Brief schilderten die Beamten, dass Fraser nur vage Angaben machen konnte, als er nach den Wrackteilen befragt wurde. Ihre Einschätzung war, dass man dort kaum wichtige Sachen finden würde.

Admiral Decker, der die Suche vor Ort leitete und selbst die Strände ablief, hatte die Briefe von Richards und Fraser verglichen, wobei ihm einige Widersprüche auffielen. Seine Suche hatte bisher zu keinem Ergebnis geführt. Daher schrieb er selbst einen ausführlichen Brief an Fraser. Er stellte ihm sieben Fragen, zu seinen Angaben und den geographischen Gegebenheiten vor Ort. Nicht nur Decker erhielt auf seinen Brief nie eine Antwort, Fraser meldete sich nie wieder bei der Marine.

War Fraser ein Wichtigtuer? Diejenigen, die den Fall untersuchten waren sich einig, dass irgendetwas an den Angaben von ihm sein musste. Zu der Zeit als Fraser seine Entdeckung machte, blühte aufgrund der Prohibition in dem Gebiet zwischen Gun Key Island und den USA der Schmuggel mit Alkohol. Das Ziel war häufig Chicago. Der Alkoholschmuggel war für viele alte Seeleute ein lukratives Geschäft. Vielleicht war Fraser ein Alkoholschmuggler (rum runner), der kalte Füße bekommen hatte und fürchtete, bei weiteren Nachforschungen durch die Behörden aufgedeckt zu werden?

Auf Gun Cay Island und den ganzen Bahamas sind nie Wrackteile der Cyclops gefunden worden. Da die Bahamas heutzutage touristisch stark frequentiert und dort viele Yachten unterwegs sind, wären diese längst gefunden worden.

War es die Beladung?

Kommandeur W. R. Kennedy der USS Sapelo schrieb 1922 einen Brief an die Betriebsabteilung der Navy, in der er eine Theorie für das Verschwinden der Cyclops beschrieb. Er selbst fuhr über 20 Jahre auf einem Segelschiff, mit dem er acht Reisen mit 3.600 Tonnen Manganerz von Coquimbo in Chile nach Cardiff in Wales ohne Probleme durchgeführt hatte. Vor seiner ersten Reise mit Manganerz, die ums Kap Hoorn führten warnten ihn alte Kapitäne, da viele Schiffe mit dieser Ladung dort untergegangen waren. Diese Warnungen bereiteten Kennedy viele Sorgen, bis er auf einen alten schottischen Seemann traf. Dieser gab ihm den Rat, in den Laderaum seines Schiffes eine Plattform zu bauen, auf der das Manganerz gestaut wird. Er ließ sich mit Hilfe seiner Offiziere und des Schiffszimmermanns in die Laderäume Plattformen bauen. Diese bestanden aus 10 x 10 cm Vierkanthölzern und waren 1,6 m über dem Laderaumboden. So erreichte er, dass trotz der Manganerzladung der Schwerpunkt des Schiffes nicht so tief war, dass es dem Schiff gefährlich werden könnte. Bei einem hölzernen Segelschiff wäre der Rumpf bei heftigen Rollbewegungen gefährlich beansprucht worden und in der Takelage wäre es auch zu Schäden gekommen. Schlimmstenfalls hätten die Masten brechen können.

Kennedy kannte Kapitän Worley und wusste, dass dieser keinerlei Erfahrung mit dieser Ladung hatte und daher sein Schiff mit Manganerz genauso wie mit Kohle belud. Kennedy war auch davon überzeugt, dass der tiefe Schwerpunkt der Cyclops zum Verhängnis wurde. Als das Schiff in schweren Seegang geriet, wurden die Boden- und Kimmplatten (Platten an der Ecke zwischen Boden und Seite) so sehr beansprucht, dass der Laderaumboden nach unten durchsackte und das Schiff wie ein Stein sank. Bevor jemand an Bord verstand, was vor sich ging, war es schon zu spät und das Schiff untergegangen. Die Theorie von Kennedy klang zwar sehr plausibel, aber auch er argumentierte mit sehr schlechtem Wetter, obwohl noch immer angenommen wurde, die Cyclops wäre in keinen Sturm geraten.

Im Juli 1923 schloss sich Kapitän Charles H. Zearfoss dieser Meinung an. Er war Kapitän des Schiffes Southern Cross der Munson Line. Auch er berichtete, dass Manganerz eine sehr schwierige Ladung sei und die Mannschaft der Cyclops nur den Umgang mit Kohle gewöhnt war. Außerdem erwähnte er, dass das Kohlentransportschiff kein Zwischendeck gehabt hatte und das Manganerz direkt auf dem Laderaumboden geladen wurde. Auch Zearfoss war der Meinung, dass der Boden nach unten durchgesackt war. Auf einer Reise hatte Zearfoss 60 cm Manganerz auf den Ladeluken geladen. Als sie den Zielhafen erreicht hatten, stellten sie überrascht fest, dass das Manganerz die Ladeluken fast durchgeschliffen hatte.

Jedes Frühjahr, wenn sich das Verschwinden der Cyclops jährte, nutzte die Presse, die alten Berichte wieder hervorzuholen. 1930 bekam die US-Navy ein Tagebuch zugeschickt, das angebliche Enthüllungen zu dem Verlust des Schiffes beitragen sollte. Darin wurde beschrieben, dass jemand Sprengstoff an der Maschine der Cyclops angebracht hatte und das Kohlentransportschiff dadurch versenkt hatte. Das klang schon komisch, aber es folgten Beschreibungen, dass ein Schiff mit 700 Mann Besatzung dabei half, das Meer von Trümmern zu reinigen. Das war wohl doch etwas zu dick aufgetragen, um als glaubwürdig zu erscheinen.

Fast vier Jahrzehnte nach dem Verschwinden des Schiffes tauchte 1956 ein ominöser Bericht auf, der behauptete, dass die Cyclops kurz vor Ostern 1918 in der Floridastraße explodierte. In dem Bericht fehlte aber die Begründung dafür, dass das Schiff soweit vom Kurs abgekommen war, genauso wie ein Grund dafür, warum die Information so lange zurückgehalten wurde. Auch fehlte eine Begründung, warum das Schiff explodiert sein sollte. An Bord gab es zwar eine kleine Munitionskammer vorne und eine weitere achtern, aber deren Explosion hätte keinesfalls zu einem schnellen Sinken geführt. Es wäre genug Zeit für die Besatzung gewesen, Notsignale zu geben. Zwar kann Manganerz in Verbindung mit Kohlenstaub unter gewissen Bedingungen feuergefährlich sein, aber es hätten schon große Mengen Sprengstoff an Bord geschmuggelt werden müssen, um das große Schiff so schnell versenken zu können.

Der ehemalige Offizier Nervig, der vor der letzten Fahrt in Rio de Janeiro abmusterte, verfasste 1969 in den Proceedings des US-Navyinstitutes einen Bericht über die Cyclops. Darin schilderte er seine Beobachtungen, dass sich das Schiff im Seegang stark durchgebogen und *„den Oberflächenkonturen der See angepasst"* hatte. Seiner Überzeugung nach war die Cyclops in zwei Teile auseinandergebrochen. Da das schwere Manganerz sich nicht leicht verlagert, war er nicht davon ausgegangen, dass die Ladung übergegangen war und das Schiff zum

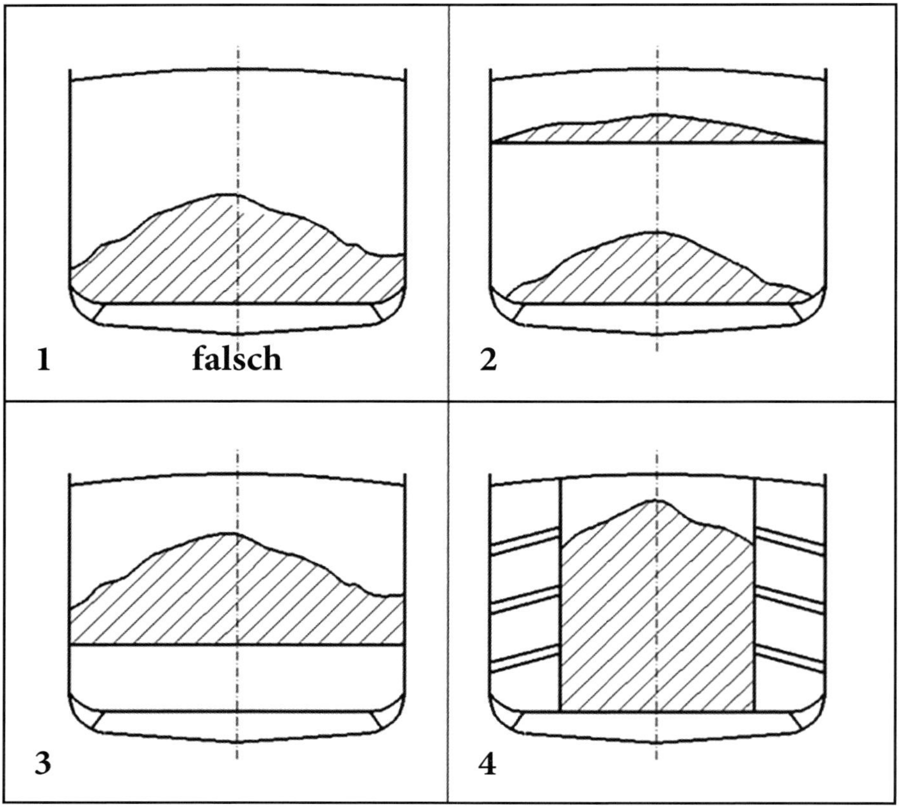

Ladungsverteilung auf der Cyclops © aus Gian J. Quasar: A Passage to Oblivion / Zeichnung Wolfgang Stegemann

Kentern brachte. Nervig unterstellte in seinem Bericht, dass ein junger, unerfahrener Offizier die Beladung überwacht hatte. Dieser soll die Mittschiffsräume befüllt und die Ladung nicht über die gesamte Schiffslänge verteilt haben. Dies hätte zu einer ungünstigen Spannungsverteilung geführt. Durch die zu großen Biegemomente wäre das Schiff auseinandergebrochen. Dies wäre eine Begründung dafür, dass kein S.O.S. gefunkt und keine Wrackteile gefunden wurden.

Der Schwachpunkt an diesem Bericht ist aber, dass es Aufzeichnungen über die Verteilung der Ladung gibt und die Beladung von Fachleuten überwacht wurde. Neben Kapitän Worley überwachten Kapitän William Lowrymund und Manual Pereira von der für den Transport verantwortlichen Brasilianischen Schiffskohlengesellschaft die Beladung. Diese Firma hatte Erfahrung mit der Verladung und dem Transport von Manganerz seit dem Beginn des Exportes von Manganerz aus Brasilien im Jahr 1901. Bis zum Verschwinden der Cyclops war in den vielen Jahren nur ein kleines Segelschiff, die Gambier, gesunken. Pereira hatte jahrelange Erfahrung in der Beladung von Schiffen mit Manganerz und sagte hinterher aus, dass die Ladung gut verteilt und das Schiff gut getrimmt war. Zudem hätte es ohne Probleme noch 2.000 Tonnen mehr vertragen können.

Die Beladung der Cyclops ist von dem Verlader wie folgt dokumentiert worden:

Laderaum	Tonnen (Beladung durch Eimer)	
1 vorne	1.614	
2	1.995	
3	2.250	
4	1.875	
5	2.870	
Summe	**10.604**	**Ladungsaufmaß**
	10.835	**Nach Freibordmessung**

(aus: Marvin Barrash USS Cyclops S. 560)

Erläuterung: Das Ladungsaufmaß ist die Summe der Gewichtsmenge, die mit den Greifern in die Laderäume geschüttet wurde. Durch eine Freibordmessung wird ermittelt, wie tief das Schiff eintaucht. Dadurch kann auch das Gewicht der Ladung ermittelt werden. Die Abweichung beider Methoden sollte möglichst gering sein.

Die Laderäume der Cyclops bekamen vor der Beladung mit Manganerz nicht nur einen hölzernen Zwischenboden wie ihn Kommandeur Kennedy Jahre später beschrieb, sondern wurden– vielleicht nicht alle – seitlich durch vertikale hölzerne Innenwände gegen Verrutschen gesichert. Dies muss ein enormer Aufwand gewesen sein. Welcher Laderaum wie genau mit dem Holz ausgekleidet wurde, ist nicht bekannt. Ebenso die Frage, wie sichergestellt war, dass die schwere Erzladung den hölzernen Zwischenboden nicht durchbricht. Der Zwischenboden dient dazu, dass der Schwerpunkt der Ladung höher liegt. Zusätzlich soll vermieden werden, dass das Erz nicht direkt in Kontakt mit dem Stahl des Rumpfes kommt. Das Manganerz kann den Stahl angreifen. Allerdings hatte bei der Beladung nach Abbildung 3 die Ladung Kontakt mit der Außenhaut, bei Beladung nach Bild 2 mit dem Innenboden. Daher gab es auch die Theorie, dass die Ladung mit dem gesamten Schiffsboden nach unten durchgesackt war. Bei dieser Theorie wird gern vergessen, dass die CYCLOPS einen Doppelboden hatte. Selbst wenn der Innenboden von der Ladung zerstört wäre, würde es noch eine Zeit dauern, bis der Außenboden auch zerstört wäre. Das kann ausgeschlossen werden, da das Schiff nur eine Reise mit Manganerz gemacht hat.

Wurde das Wrack gefunden?

Die Öffentlichkeit verlor allmählich das Interesse an dem Schicksal der CYCLOPS. Erst durch die Forschungen des bereits erwähnten Autors Lawrence Kusche gelangte sie wieder in die Schlagzeilen. Er fand heraus, dass es in den vergangenen Jahren interessante neue Erkenntnisse zur CYCLOPS gab: Auf der Suche nach dem verschollenen Atom-U-Boot USS SCORPION entdeckte im Juni 1968 das U-Boot USS PARGO 70 Seemeilen vor Cape Henry (bei Virginia Beach) in 60 Metern Tiefe ein unbekanntes Wrack. Es tauchten zwei Teams hinunter. Da sie auf dem Bug des ca. mit 40° Schräglage liegenden Wracks landeten, konnten sie es nicht vollständig erkunden und somit auch nicht sicher identifizieren. Die SCORPION wird fälschlicherweise immer mit dem Bermudadreieck in Verbindung gebracht, dabei wurde ihr Wrack Monate später südwestlich von den Azoren gefunden.

Erst ein Jahr später kam es zu einem weiteren Tauchgang zu diesem Wrack, diesmal mit der USS KITTWAKE. Der Marinetaucher und Havariehauptkommissar Dean. D. Hawes ließ es sich nicht nehmen, selbst das unbekannte Schiff zu erkunden. Er sah eindeutig ein Frachtschiff vor sich, allerdings eins mit sehr merkwürdiger Bauart. Die Brücke stand auf Stahlpfeilern. Er erkannte vorn zwei niedergelegte Ladebäume und so etwas wie zwei Schwergutmasten. Eigenartigerweise konnte er aber weder Wanten noch Laufstege zwischen den Bäumen erkennen. Bei seinen insgesamt drei Tauchgängen stellte Hawes fest, dass sich die Schwergutmasten und Ladebäume über die ganze Länge des Schiffes hinzogen. Ihn erinnerte deren Anblick an das Gerüst eines Wolkenkratzers. Hinter der ersten Gruppe von aufrechten Ladebäumen und der Brücke war das Wrack in zwei Teile gebrochen. Er vermutete, dass das Schiff zu Beginn des 20. Jahrhunderts

USS Kittiwake © Naval History and Heritage Command - K 80394

gebaut sein musste. Nach dem dritten Tauchgang zog schlechtes Wetter auf und Hawes musste die Untersuchung des Wracks aufgeben. Zu weiteren, in der Nähe befindlichen Wrackstücken, die die USS Pargo ausgemacht hatte und wovon eins das Heck gewesen sein könnte, konnte daher nicht mehr getaucht werden. Die Position des Wracks ist 37° 26` nördlicher Breite und 74° 41` westlicher Länge und liegt genau auf der Route, die die Cyclops für die Fahrt zur Chesapeake Bay verfolgen musste. Die Chesapeake Bay ist ein Mündungsgebiet mehrerer Flüsse, in der der Zielhafen Baltimore liegt. Demnach müsste die Cyclops erst kurz vor dem Erreichen ihres Zielhafens und nicht schon früher gesunken sein.

Nach Aussagen der Taucher erstellten Graphiker der Marine ein Bild von dem Wrack. Als Hawes ein Foto der Cyclops sah, war er davon überzeugt, dass er deren Wrack gefunden hatte. Daher ließ er nicht locker und suchte Unterstützung bei dem Kongressabgeordneten G. William Whitehurst aus Virgina. Mit dessen Hilfe gelang es, die US-Navy zu überzeugen, die Suche nach einigen Jahren wieder aufzunehmen.

Inzwischen hatte sich Lawrence Kusche ausführlich mit den Tauchgängen von Hawes auseinandergesetzt. Er war besonders überrascht darüber, dass die Position des Wracks soweit nördlich in der Nähe von Baltimore lag. Daher überprüfte er, wann die Cyclops die angegebene Position (in der Nähe von Cape Henry) erreicht haben müsste.

Da eine Hauptmaschine der CYCLOPS defekt war, konnte sie maximal 10 Knoten schnell gefahren sein. Dies entsprach einem Etmal von 240 Seemeilen. Kusche meinte, bei Berücksichtigung der Strömung, könnte die CYCLOPS nach sechs Seetagen die Position, an der das Wrack gefunden wurde, erreicht haben. Sie war von Barbados am frühen Abend des 4. März ausgelaufen und hätte am 10. März diese Position erreicht. In der Überzeugung, dass ein Sturm die Ursache für den Untergang des Schiffes gewesen sein muss, untersuchte Kusche die Wetterberichte in diesem Gebiet um den 10. März 1918. In den meisten Berichten war von gutem Wetter die Rede, aber diese bezogen sich aber auf ein viel weiter südlich gelegenes Gebiet. Niemand war bisher davon ausgegangen, dass die CYCLOPS so kurz vor ihrem Zielhafen verloren ging. Kusche erkannte bei seinen Recherchen den Sturm, denselben, der schon kurz nachdem das Schiff für verschollen erklärt wurde, für das Schicksal der CYCLOPS verantwortlich gemacht wurde. Selma Worley hatte sich schon in ihrem Brief an ihre Schwester und ihren Neffen auf diesen Sturm berufen. Kusche kannte diese Briefe anscheinend nicht.

In Norfolk, Virginia, betrug die Windgeschwindigkeit Anfang März 1918 30 - 40 Knoten. Am Morgen des 6. März wurden Sturmwarnungen für die Ostküste von North Carolina bis Maine gegeben. Bis zum 10. März um 10.00 Uhr nahm der Wind beständig zu, bis er eine Geschwindigkeit von 60 Knoten erreichte. Zu diesem Zeitpunkt sollte sich die CYCLOPS nach Kusches Berechnungen in der Nähe von Cape Henry befunden haben. Dies ist das Gebiet, in dem Hawes das Wrack untersucht hatte. Nach dem Mittag drehte der Wind auf Nordwest und blies mit 95 km/h. Nachmittags schwankte der Wind zwischen 65 und 95 km/h, abends blieb er bei 65 km/h und flaute erst gegen Mitternacht ab. Der Sturm richtete entlang der gesamten Ostküste von Florida bis New York erhebliche Schäden an. Der Steuermann der in diesem Sturm schwer beschädigten AMOLCO äußerte gegenüber der Zeitung *Virginia-Pilot* die Vermutung, dass die CYCLOPS wahrscheinlich in demselben Sturm geraten und gesunken war. Seeleute, die auf der CYCLOPS gefahren waren und deren Neigung zum Schlingern kannten, hielten dies auch für sehr wahrscheinlich. In einem solchen Sturm wäre es auch unmöglich, die Rettungsboote auszusetzen. Da in Norfolk starke Winde recht häufig sind, erregte dieser Sturm keine große Aufmerksamkeit und wurde nicht in Verbindung mit dem verschollenen Schiff gebracht. Der *Virginia-Pilot* berichtete am 10. März lediglich in einem kurzen Absatz auf Seite 2 unten, dass es von 17.00 Uhr am vergangenen Tag von Maine bis North Carolina Sturmwarnungen gab. Die Nachrichtendichte war damals bei weitem noch nicht so groß wie heute, zudem dominierte die Kriegsberichterstattung die Medien. Daher ging Kusche davon aus, dass dieser Sturm schnell wieder vergessen war, da noch einige Zeit verging, bis am 15. April von dem verschollenen Schiff berichtet wurde.

Die Marine ging in ihren Bekanntmachungen immer davon aus, dass die Cyclops in der Nähe der Westindischen Inseln verschollen gegangen war und das Schiff Opfer eines der dort häufig plötzlich auftretenden Hurrikans wurde. Ein Anhaltspunkt dafür war, dass nach der Funkverbindung mit der Vestris nie wieder etwas von der Cyclops gehört oder gesehen wurde. Daher war an alle Schiffe, die dieses Seegebiet befuhren der Aufruf ergangen, auf den unzähligen Inseln in diesem Gebiet nach Wrackteilen der Cyclops Ausschau zu halten.

Lange sah es so aus, als hätten Hawes und Kusche das Rätsel der Cyclops gelöst. Allerdings nahm die Marine im Juli 1974 mit dem Minenräumer USS Exploit die Untersuchung des unbekannten Wracks vor Cape Henry wieder auf. Die Möglichkeit, Wracks zu untersuchen, hat sich zu Beginn der 1970er Jahre entscheidend verbessert. Nach dem Zweiten Weltkrieg wurde erstmals ein Verfahren entwickelt, dass mit Schallimpulsen Objekte im Wasser untersuchen kann. Dieses wurde Sonar (sound navigation and ranging) genannt. Anfang der 1970er Jahre bestand die Möglichkeit, mit Schiffen ein Sonar zu schleppen, mit dem Wracks genauer untersucht werden können. Durch die Reflexion der Schallimpulse wird dabei die Oberfläche des Wracks gescannt, sodass dessen Umrisse am Computer angezeigt werden. So kann das Wrack wesentlich einfacher – und vor allem auch kostengünstiger – untersucht werden. Diesmal wurde die Position auch mit einer Boje markiert. Der für die Untersuchung zuständige Leutnant Douglas Armstrong verkündete stolz, dass er das Wrack der Cyclops gefunden hätte. Dies gab er im *Virgina-Pilot* bekannt, der Zeitung, die als erstes von dem verschollenen Schiff berichtete hatte. Hawes, der als letzter zum Wrack tauchte, war bei der Untersuchung an Bord der Exploit dabei. Dort musste er aber enttäuscht feststellen, dass es sich bei dem Schiff, das auf dem Monitor gezeigt wurde nicht um das handelte, auf dem er gewesen war. Der wesentliche Unterschied war, dass das untersuchte Wrack Eisenschrott geladen hatte und ein Radar besaß. Die Cyclops hatte jedoch keinen Schrott geladen und die Radartechnik wurde erst im Zweiten Weltkrieg entwickelt.

Im August 1974 untersuchte das U-Bootrettungsschiff USS Opportune das Wrack und bestätigte, dass dieses nicht die Cyclops ist. Vermutlich ist es das Wrack des am 15. April 1960 gesunkenen griechischen Frachters Ethel C. Bei dessen Untergang konnten sich alle Besatzungsmitglieder retten. Die Enttäuschung in der Fachwelt war groß, da das Rätsel wieder nicht gelöst werden konnte.

Was geschah mit den anderen Kohlentransportschiffen?

Im Oktober 1974 veröffentlichte das *Naval Engineers Journal* einen Bericht von Konteradmiral a. D. George van Deurs, in dem eine neue Theorie beschrieben wurde. Diese hatte van Deurs bereits 1970 in den *Proceedings* des Marineinstituts der US-Navy veröffentlicht. Dort fand der Bericht allerdings kaum Beachtung.

Van Deuers hatte eine vollkommen neue Betrachtungsweise: Er untersuchte nicht nur das Schicksal der CYCLOPS, sondern auch das ihrer Schwesterschiffe. Vielleicht wäre es möglich, aus dem Verbleib der Schwesterschiffe Rückschlüsse auf das rätselhafte Ende der CYCLOPS zu ziehen. Allerdings hatte van Deurs den Begriff „Schwesterschiff“ sehr weit gefasst. Denn er betrachtete auch die ähnlich gebauten Kohlentransportschiffe NEPTUNE, ORION, PROTEUS, NEREUS und JASON. Als Schwesterschiffe gelten eigentlich Schiffe, die identisch gebaut wurden. Das einzige wirkliche Schwesterschiff der CYCLOPS war die JUPITER.

Die JUPITER wurde 1922 zum ersten Flugzeugträger der USA, der USS LANGLEY, umgebaut. Als sie 1912 vom Stapel lief, war sie das erste Schiff der US-Navy, das durch Elektromotoren angetrieben wurde. Die großen Laderäume der JUPITER wurden zu Hangars umgebaut und die schweren Lade-Löscheinrichtungen zurückgebaut. Dadurch verbesserte sich die Stabilität. Auf dem Rumpf wurde ein riesiges Flugzeugdeck montiert. Die Schiffsfestigkeit wurde dadurch erheblich verbessert, da das Schiff den Querschnitt eines geschlossenen Kastenträgers bekam und keine Luken hatte, die die Festigkeit negativ beeinträchtigten.

Am 17. Oktober 1922 gelang Leutnant Virgil C. Griffin der erste Start eines Flugzeuges der US-Navy von einem Flugzeugträger. Er startete mit einer Vought VE-7-SF von der in York River, Virginia, ankernden LANGLEY. Neun Tage später

LANGLEY nach Umbau zum Flugzeugträger © Naval History and Heritage Command - NH 63547

gelang an Bord Leutnant Commander Godfrey D. Chevalier mit einer Aeromarine 39-B die erste Landung auf einem US-Flugzeugträger. Am 18. November gelang der erste Start von Flugzeugen mit Hilfe eines Katapultes. Die LANGLEY hatte sich bewährt und die Marine erhielt auf diese Weise wichtige Erkenntnisse mit dem Handling, Stauen und natürlich mit dem Starten und Landen von Flugzeugen. Nach diesen Erfahrungen wurden in den 1920er Jahren weitere Flugzeugträger gebaut wie die USS RANGER, USS LEXINGTON und USS SARATOGA. Nach ersten Einsätzen in der Karibik wurde die LANGLEY in den Pazifik verlegt. Nachdem die neuen, größeren Flugzeugträger in Dienst gestellt waren, wurde entschieden, die LANGLEY erneut umzubauen. Im Winter 1936/1937 wurde das Schiff bei der Mare Island Navy Yard zum Flugzeugtender umgebaut. Dabei wurde der vordere Teil des Flugdecks wieder entfernt.

LANGLEY nach zweitem Umbau © Naval History and Heritage Command - 80-G-424475

Ab Januar 1942 wurde sie in Nordaustralien eingesetzt, um der Australischen Luftwaffe bei U-Bootpatrouillen zu helfen. Sie lief am 22. Februar 1942 von Freemantle in Richtung Java (Indonesien) aus, um das Vorrücken der japanischen Armee zu verhindern. Dort sollte sie mit 32 Courtis P-40 Flugzeugen die alliierten Kräfte verstärken. Am frühen Morgen des 27. Februar traf sie mit den Zerstörern USS WHIPPLE und USS EDSALL zusammen, die den Flugzeugträger schützen sollten. Gegen Mittag wurde die LANGLEY jedoch von neun japanischen Torpedobombern angegriffen und schwer beschädigt. Die Flugzeuge an

Deck brannten, das Schiff war nicht mehr zu steuern und bekam schnell Schlagseite nach Backbord. Das Schiff konnte nicht mehr den 75 Seemeilen nördlich gelegenen Hafen Tjilatjap erreichen und musste aufgegeben werden. Dabei kamen 16 Besatzungsmitglieder ums Leben. Die LANGLEY wurde schließlich von den Zerstörern WHIPPLE und EDSALL versenkt.

Die ehemalige JUPITER ist damit nicht durch außergewöhnliche Umstände gesunken. Durch die beiden Umbauten mit den genannten Verbesserungen der Stabilität und Festigkeit des Schiffes lässt sich kein Vergleich mehr mit dem Schwesterschiff CYCLOPS ziehen. Vielleicht sind während der Umbauten weitere Schwachpunkte der Konstruktion verbessert worden, von denen wir nichts wissen.

Die NEPTUNE brachte nach dem Eintritt der USA in den Ersten Weltkrieg die ersten amerikanischen Truppen samt Ausrüstung nach Europa. Sie legte am 8. Juni 1917 in St. Nazaire an. Eskortiert wurde sie von den Zerstörern USS JARVIS und USS PERKINS. Bis 1922 versorgte sie Einheiten der US-Navy, danach wurde sie auf Dieselantrieb umgerüstet und als Reserveschiff aufgelegt. 1939 wurde sie an eine Abwrackwerft in Philadelphia verkauft. Auch sie liefert keine Erkenntnisse zu dem Verbleib der CYCLOPS.

Die ORION ist erstmals in einem besonders schnellen Konstruktionsverfahren gebaut worden. Die sogenannte Isherwood-Bauweise ist eine Konstruktion, in der der Schiffsrumpf in Längsspantenbauweise statt der bisher üblichen Querspantbauweise gebaut wurde. Diese Bauweise ermöglicht es, mit weniger Stahl einen Rumpf zu bauen, der eine vergleichbare Festigkeit hat wie ein konventioneller Rumpf mit Querspanten. Da weniger Stahl verbaut wurde, musste weniger genietet werden. Der Vorteil war nicht nur, dass das Schiff daher schneller gebaut werden konnte. Es war auch leichter und verbrauchte deshalb weniger Kohle. So gelang es, das im Oktober 1911 auf Kiel gelegte Schiff bereits im Juli 1912 in Dienst zu stellen. Die Bauzeit war für ein so großes Schiff rekordverdächtig und die Arbeiter und Ingenieure der Maryland Steel Co. in Sparrows Point, Maryland, waren zurecht stolz auf ihre Leistung.

Die ORION zählte zur Atlantikflotte und versah ihren Dienst an der US-Ostküste. Nach Eintritt der USA in den Ersten Weltkrieg wurde sie in Europa stationiert. Im Juli 1917 wurde die ORION auf die Azoren verlegt. Sie lag im Hafen von Ponta Delgada, der Hauptstadt der portugiesischen Insel Sao Miguel, als dieser mit Bordkanonen von dem deutschen U-Boot U 155 beschossen wurde. Das U-Boot war das ehemalige deutsche Handels-U-Boot DEUTSCHLAND. Die DEUTSCHLAND wurde von dem Norddeutschen Lloyd und der Deutschen Bank betrieben, um die deutsche Industrie mit wichtigen Rohstoffen zu versorgen, indem sie die englische Seeblockade umgingen. Sie war das erste U-Boot, das den Atlantik überquerte. Sie konnte jedoch nur zwei Reisen erfolgreich absolvieren. Eine dritte Atlantiküberquerung wurde nicht durchgeführt, nachdem die USA in den Ersten Weltkrieg eingetreten waren. Die Kaiserliche Marine übernahm das U- Boot und baute es zum Unterseekreuzer U 155 um.

Die Orion, die zur Reparatur im Hafen lag, erwiderte das Feuer von U 155, das nach 15 Minuten den Beschuss abbrach. Für die Alliierten war der Angriff des U-Bootes ein Warnzeichen dafür, dass sie die Azoren besser schützen mussten. Nach Kriegsende wurde die Orion an die Westküste verlegt, um die Pazifikflotte zu verstärken. Am 2. Dezember 1925 lief sie von Newport News, Virginia, aus, um eine Ladung Kohle nach Newport, Rhode Island, zu bringen. Sie geriet in einen schweren Sturm, der erhebliche Schäden an Bord anrichtete. Sie wurde auf die Sandbank Chesapeake Barre geworfen und knickte mittschiffs ein. Dennoch gelang es, dass Schiff wieder frei zu schleppen und es bei der Norfolker Marinewerft zu reparieren. Der Marineminister Curtis Wilbur erhoffte sich von der Begutachtung der Schäden am Rumpf der Orion Rückschlüsse auf das Verschwinden der Cyclops zu finden. Allerdings zeigte der Untersuchungsbericht, dass alle Schäden ausschließlich auf das Auflaufen auf die Sandbank zurückzuführen waren. Das Schiff wurde wieder instandgesetzt und versah noch einige Jahre seinen Dienst, bis es 1933 abgewrackt wurde.

Die 1912 gebaute USS Pproteus wurde zur Versorgung der US-Atlantikflotte eingesetzt. Im Juli 1918 überquerte sie erstmals den Nordatlantik und wurde nach Großbritannien verlegt. Bis Mitte 1919 versorgte sie Einheiten der US-Navy zwischen Großbritannien und Frankreich. Danach wurde sie noch einige Jahre in der Karibik eingesetzt, bis sie 1923 aufgelegt wurde. Sie rostete an der Norfolker Marinewerft vor sich hin. Erst die Knappheit an Schiffstonnage im Zweiten Weltkrieg bewahrte sie vor der Verschrottung. 1941 kaufte die Montrealer Firma Saguenay Terminals die Pproteus, um Bauxit zu transportieren. Betrieben wurde sie von der Kanadischen Handelsmarine, die von der kanadischen Regierung gegründet worden war, um kriegswichtige Transporte durchzuführen. Kriegsbedingt wurde die Pproteus nur von einer minimalen Besatzung gefahren. Auch die Instandhaltungsarbeiten zur Infahrtsetzung des Schiffes waren aus demselben Grund auf das Notwendigste beschränkt gewesen. Am 23. November 1941 lief die Pproteus von der Jungferninsel St. Thomas mit einer Ladung Bauxit aus. Weder von dem Schiff noch von der 58-köpfigen Besatzung wurde je wieder etwas gehört oder gesehen.

Die Nereus erlitt dasselbe Schicksal wie die Pproteus. Nach dem Ende des Ersten Weltkrieges versah die Nereus noch einige Jahre ihren Dienst in der Atlantikflotte, bis sie 1922 außer Dienst gestellt wurde. Sie rostete wie ihr Schwesterschiff an der Norfolker Marinewerft vor sich hin, bis auch sie 1941 von der Firma Saguenay Terminals gekauft wurde. Von der Jungferninsel St. Thomas lief sie am 10. Dezember 1941 mit einer Ladung Bauxit aus. Auch sie verschwand für immer mitsamt ihrer Besatzung von 61 Mann.

Als Ursache für das Verschwinden der beiden Schiffe wurde ein schwerer Sturm vermutet. Auch könnten sie von einem deutschen U-Boot torpediert worden sein, denn diese patrouillierten zu dieser Zeit in der Karibik. Die Deutsche Kriegsmarine hätte eine Versenkung von so großen Schiffen öffentlich bekannt gegeben, da sie unter einem hohen Erfolgsdruck stand. Die Kanadier vermuteten Sabotage als Ursache für das Verschwinden der Schiffe. Zeitungen berichteten kaum über den Verlust der beiden Schiffe, da zu dieser Zeit der japanische Angriff auf Pearl Habour die Nachrichten dominierte. Konteradmiral van Deurs war allerdings der Meinung, dass für das Verschwinden sowohl der Nereus als auch der Pproteus deren Konstruktion eine Ursache gewesen sein kann. Er kannte diesen Schiffstyp sehr gut. Ein Grund könnte aber auch das Alter der Schiffe und die mangelhafte Instandhaltung nach Außerdienststellung sein. So waren sie für einen schweren Sturm eine leichte Beute.

Admiral van Deurs war bei seiner Untersuchung 1970 noch etwas anderes aufgefallen: Weder bei der Cyclops noch bei der Nereus oder Pproteus war Treibgut gefunden worden. Alle drei Schiffe waren zwar nicht direkt in einen Sturm geraten, aber Windgeschwindigkeiten von 30 bis 40 Knoten und bis zu sechs Meter hohen Wellen ausgesetzt. Normalerweise sollten solche Wellen Schiffen dieser Größe nichts anhaben oder sie gar zum Kentern bringen. Dass kein Treibgut gefunden wurde, spricht dafür, dass die Schiffe entweder gekentert oder auseinandergebrochen sein mussten.

Von 1929 bis 1932 war van Deurs auf der Jason gefahren. Dabei fiel ihm auf, dass die Bewegungen der Brücke und des vorderen Decks zwar normal waren, nicht aber die des Achterdecks. Im Hinterschiff ächzten selbst bei der Fahrt im glatten Wasser die Übergänge der Aufbauten zum Deck. Im Rhythmus der Maschine vibrierte das Deck bis zu 30 cm.

Die 1913 gebaute Jason war wie die Orion nach dem Isherwood-System gebaut worden. Die Beobachtungen decken sich mit denen, die der Offizier Nervig auf der Cyclops gemacht hatte. Zwar waren die Schiffe – wie damals üblich – mit sehr dicken Stahlplatten gebaut worden. Die Plattendicken wurden mit einem

Proteus im Trockendock © Naval History and Heritage Command - NH 90439

Abrostungsfakor berechnet, der die jährliche Abrostung berücksichtigte, ohne dass die Platten ihre Festigkeit verlieren. Die CYCLOPS war also massiv gebaut worden. Innerhalb des Rumpfes liefen über die gesamte Schiffslänge Längsträger, damit das Schiff genug Längsfestigkeit – also Sicherheit gegen Durchbrechen – hatte. Allerdings waren in den zwischen Maschinenraum und Laderaum 10 gelegenen, ca. 15 m langen Kohlebunkern, die Träger unter der Kohle begraben.

Unter dem Kommando von Admiral van Deurs verlor an Bord der JASON ein Matrose 1932 einen Rosthammer dadurch, dass er die Außenhaut durchschlug und der Hammer von Bord fiel. Gleichzeitig inspizierte Oberleutnant Charlie Allen einen fast leeren Kohlebunker. Dabei fiel ihm auf, dass keiner der Träger, die diesen Raum aussteifen sollten, mehr vorhanden war. Nur noch Roststreifen zeigten, wo die Träger einst an den Schotten und der Außenhaut befestigt waren. Allen wurde klar, dass die Kohle die Träger des Bunkers vollständig zerfressen hatte und das daher auf fast 15 m Schiffslänge nur die abgerosteten Außenhautplatten das Vorderschiff mit dem Maschinenraum verbanden. Dies war der Grund dafür, warum die JASON so vibrierte. Als der Oberbefehlshaber der Asienflotte davon erfuhr, befahl er der JASON, vorsichtig und nur leicht beladen in die USA zurückzufahren. Statt direkt über den Pazifik fuhr die JASON zwei Monate möglichst nah der Küste entlang. Das Schiff wurde dann direkt abgewrackt.

Van Deurs war der Meinung, dass das Schiff die Fahrt nur überstanden hatte, weil sie nicht mit Manganerz beladen und gegen Wellen angefahren war. Das Verhalten von Schiffen im Seegang ist erst nach dem Zweiten Weltkrieg ausführlich erforscht worden. Dabei wurde erkannt, dass Schiffe in schräg von achtern einlaufendem Seegang durch parametrisches Rollen kentern können, ohne dass die Wellenhöhe besonders hoch ist.

Deshalb könnten die CYCLOPS, die PROTEUS und die NEREUS dasselbe Schicksal gehabt haben. Jedoch ist es nicht wahrscheinlich, da die CYCLOPS sehr gut instandgehalten wurde. Außerdem waren PROTEUS und NEREUS ihr zwar ähnlich, aber nicht baugleich. PROTEUS und NEREUS lagen noch länger auf als die JASON und hatten so mehr Zeit zum Durchrosten. Bei allen drei Schiffen waren wahrscheinlich die T-Träger in den Kesselräumen stark verrostet. Alle befanden sich jeweils zwar nicht in einem schweren Sturm, aber in einer Schlechtwetterfront mit einer Windgeschwindigkeit von 30 bis 40 Knoten, die unter normalen Umständen keinem so großen Schiff gefährlich werden könnte. Das Marineinstitut für Meereskunde wies allerdings darauf hin, dass die Wellenlängen in einer solchen Schlechtwetterfront einer halben Schiffslänge entsprechen können. Dann würde ein Schiff zum Beispiel mit dem Vor- und Achterschiff von dem Wellenberg hochgehoben werden, während das Mittelschiff im Wellental liegt und nach unten durchsackt. Bei einem Schiff, dessen Ladung in der Mitte konzentriert ist, könnte dies fatale Folgen haben und im schlimmsten Fall zum Auseinanderbrechen des Schiffes führen.

Van Deurs war fest davon überzeugt, dass die CYCLOPS, wie auch die NEREUS und PROTEUS im Bereich der Kohlenbunker durchgebrochen war. Dies ist bei der CYCLOPS besonders wahrscheinlich, da sie schweres Manganerz geladen hatte. Ihr Achterschiff wurde auf der letzten Reise ungleichmäßig belastet, da nur eine Maschine lief. Auf hunderten Seemeilen schwang das Heck auf und nieder. An der letzten Kohlenbunkerung in Barbados waren nur zwei Männer beteiligt. Einer bediente die Dampfwinde und der andere wies ihn von Deck aus an. Keiner ging in den Bunker. Da dieser unten spitz zulief und darüber die Kesselräume standen, fielen die Träger nicht direkt ins Auge. An der in Betrieb befindlichen Maschine war noch ein Zylinder dichtgesetzt worden, wodurch auch diese Maschine mehr vibrierte als im normalen Betrieb. Da dies eine übliche Praxis war, sorgte sich niemand um das Schlagen der Maschine. Die Besatzung hatte sich an das wie ein Sprungbrett auf- und abschwingende Achterdeck gewöhnt. Warum sollten sie auch alarmiert sein, schließlich war die CYCLOPS bisher ohne Zwischenfall gefahren. Es war eben bekannt, dass die Schwesterschiffe alle im Achterschiff stark vibrierten.

Spektakuläres Auseinanderbrechen von Schiffen war zu dem Zeitpunkt noch unbekannt. Dieses Phänomen wurde erst nach dem Zweiten Weltkrieg bekannt, als – wie zum Beispiel in dem Film „The Finest Hours“ geschildert, während eines Sturmes gleich zwei T 2-Tanker im Seegang auseinanderbrachen. Nachdem in den 1950er Jahren riesige Bulkcarrier gebaut wurden und die Konstruktionen immer ausgefeilter wurden, kam es häufig zu Unfällen mit Bulkern. Als Bulker werden große Massengutfrachter bezeichnet, die vor allem Kohle, Erz oder Getreide transportieren.

Marvin Barrash, dessen Onkel mit der CYCLOPS verschollen ist, hat jahrelang zu der CYCLOPS geforscht und 2010 das umfassende Buch „U.S.S CYCLOPS“ veröffentlicht. Er hatte noch zugängliche Wetterdaten für die Ostküste der USA zusammengetragen.

Am 10. März 1918 ist die Yawl IRISH J. auf der Great Bahama Bank in einen Zyklon geraten. Die letzte Position der CYCLOPS soll aber nach seiner Berechnung 34°N 72°W (östlich von North Carolina) gewesen sein. Damit kann sie nicht in den gleichen Zyklon geraten sein. Das am 7. März von New York nach Buenos

Aires ausgelaufene Passagierschiff VESTRIS berichtete dagegen nur über gutes Wetter.

Barrash vermutet, dass die CYCLOPS am 7. März in Schwierigkeiten kam, da das Wetteramt an diesem Tag Störungen und starken Wind aus Nord-Nordost vorausgesagt hat.

Da die Position des Schiffes schwer zu erfassen und die Wettervorhersagen nur sehr allgemein waren, lässt sich nichts Belastbares sagen. Einen Sturm hat es erst am 11. März in North Corolina gegeben.

Der Leiter des Konstruktionsbüros der US-Navy, David W. Taylor, hatte zur Cyclops angemerkt, dass keine Schiffe zu dem Zeitpunkt auf der Route unnormales Wetter angetroffen hätten (dann müsste er allerdings den Bericht der IRISH J. nicht kennen). Er hielt es für wahrscheinlich, dass das Schiff durch Seegang so stark anfing zu rollen, dass die Ladung überging. Dadurch wäre die Seite des Decks schnell eingetaucht und das Schiff wäre gekentert.

Die US-Navy gab zur CYCLOPS folgende Stellungnahme:

„Seit ihrer Abfahrt (von Barbados) gab es nie wieder eine Spur des Schiffs. Das Verschwinden des Schiffes ist eines der erstaunlichsten Mysterien in der Geschichte der Marine, alle Bemühungen sie zu finden waren ergebnislos. Viele Theorien wurden aufgestellt, aber keine erklärt zufriedenstellend ihr Verschwinden. Es waren zu dem Zeitpunkt im Westatlantik keine feindlichen U-Boote, und im Dezember 1918 wurden jegliche Bemühungen gemacht, etwas aus deutschen Quellen bezüglich des Verschwindens des Schiffes zu erfahren. Informationen wurden von allen Botschaftern in Europa eingeholt, mit dem Ergebnis, dass definitiv in dem Seegebiet keine deutschen U-Boote unterwegs, oder deutsche Minen gelegt waren."

Vielleicht bringt der Vergleich mit zwei Erzfrachtern, die verloren gingen, weitere Aufschlüsse über den Verbleib der CYCLOPS. Daher sind hier folgend die Geschichte des amerikanischen Erzfrachters EDMUND FITZGERALD und des deutschen Mehrzweckfrachters MELANIE SCHULTE zusammengefasst.

EDMUND FITZGERALD – auseinandergebrochen im Lake Superior

Die Großen Seen sind die größten Süßwasserseen der Welt. Der Lake Michigan, Huron, Erie, Ontario und Superior umfassen 20 Prozent der weltweiten Süßwasserkapazität. Der am nördlichsten gelegene Lake Superior ist der größte von ihnen. Im Norden grenzen die Seen an die kanadische Provinz Ontario, die anderen Küstengebiete zählen zu acht US-Bundesstaaten. An den Ufern der Seen siedelten sich viele Einwanderergruppen an und es entstand ein Industriegebiet, das heute Großstädte wie Chicago und Detroit umfasst. Im Bereich der Großen Seen leben heute rund 30 Millionen Menschen.

Die US-Stahlindustrie war nach dem Zweiten Weltkrieg zur modernsten und größten weltweit geworden. In der Nähe der Großen Seen produzierte die Automobilindustrie so viele Autos wie noch nie. Der Wohlstand nach dem Krieg ermöglichte es, breiten Bevölkerungsschichten Autos zu kaufen. Deren Produktion erforderte enorme Mengen an Eisenerz, die mit Schiffen über die Großen Seen transportiert wurden. Deshalb reichte die Transportleistung der vorhandenen Schiffe – die meisten waren vor dem Zweiten Weltkrieg gebaut worden – nicht aus. Es waren neue und größere Schiffe erforderlich.

Ein Neubau der Superlative

Die Northwest Mutual Life Insurance Company (NMLIC) gab 1957 bekannt, dass sie den größten und schnellsten Frachter in Auftrag geben möchte, der je für die Großen Seen gebaut wurde. Das Schiff sollte für 25 Jahre an die Columbia Transport Division der Cleveland‘s Oglebay Norton Company verchartert und nach dem Präsidenten der NMLIC Edmund Fitzgerald benannt werden. Den Auftrag zum Bau des Schiffes erhielt die Werft Great Lakes Engineering Works in River Rouge bei Detroit, Michigan. Der Frachter war enorme 222 m lang, 22,8 m breit und hatte einen Tiefgang von 11,9 m. Sein Leergewicht betrug 13.632 Tonnen, wovon allein das Ruder 23 Tonnen wog. Eine Dampfturbine sollte eine Geschwindigkeit von 18 Knoten ermöglichen. Für die Ladung gab es nur einen riesigen Laderaum, der durch zwei nicht wasserdichte Schotten, sogenannte Schlagschotten, unterteilt war.

Das Schiff sollte Taconite (ein leicht konzentriertes Eisenerz) Pellets von Nord Minnesota nach Detroit bringen. Um die Bauzeit so kurz wie möglich zu halten, wurde es in Sektionsbauweise gebaut. Dazu wurden einzelne über 70 Tonnen schwere Blöcke auf der Werft vorgefertigt und erst an der Helling zusammengebaut. Begonnen wurde mit der mittleren Sektion, an die die weiteren Sektionen vorne und hinten angeschweißt wurden. Diese Bauweise war damals neu. 1.000 Arbeiter waren an dem Bau beteiligt. Sie schafften es, dass Rumpf 301 am 8. Juni 1958 vom Stapel laufen konnte.

Der Stapellauf war ein großes Ereignis für Detroit und es kamen 15.000 Schaulustige. Hubschrauber, Yachten, Schlepper, Fischerboote und Frachter tummelten sich in Sichtweite der Helling. Rumpf 301 sollte nicht längs, sondern quer ins Wasser laufen, was besonders spannend ist. Keiner wollte sich dieses Spektakel entgehen lassen. Das Schiff lief vom Stapel und erzeugte dabei ene riesige Welle, die durch den Detroit River lief. Das Schiff rollte dabei so weit nach Backbord, dass einige Zuschauer dachten, es würde kentern. Es stoppte aber, rollte nach Steuerbord über, bis es sein Gleichgewicht fand. Dieses atemberaubende Schauspiel führte dazu, dass einer der Schaulustigen eine Herzattacke bekam und starb. Das war für Abergläubige kein gutes Omen. Am 22. September wurde das Schiff von der NMLIC übernommen und begann als Edmund Fitzgerald seinen Dienst als auf den Großen Seen.

Um die Manövrierfähigkeit zu verbessern, wurde 1969 ein von einem Dieselmotor angetriebenes Bugstrahlruder eingebaut. Während der Winterliegezeit 1971/1972 wurde die Maschinenanlage von Kohle- auf Ölfeuerung umgebaut. Fast 750 Reisen absolvierte die Edmund Fitzgerald ohne größere Zwischenfälle.

1975 boomte die US-Automobilindustrie, deren Bedarf an Takonite Pellets unstillbar war. Die Schifffahrtssaison endete meist im November und die Reedereien versuchten, mit ihren Schiffen extra Reisen zu machen, um das Saisonende möglichst weit nach hinten zu schieben.

Um die Sicherheit der Schiffe zu gewährleisten, unterliegen sie regelmäßigen Kontrollen der US-Coast Guard. Daher führte am 31. Oktober ein Besichtiger eine Kontrolle des Decks der Edmund Fitzgerald durch. Dabei stellte er fest, dass 4 der 21 Ladeluken nicht richtig dicht schlossen. Sie hatten auch Risse und kleine Löcher. Es handelte sich aber um normale Schäden, die während des Lade- und Löschbetriebs entstanden waren. Deshalb mussten diese Schäden erst zu Beginn der nächsten Saison beseitigt sein. Deswegen konnte die Edmund Fitzgerald noch die letzte Reise des Jahres antreten.

Die letzte Beladung

Am 9. November um 8.30 Uhr wurde mit dem Beladen der begonnen. Das Schiff lag im Hafen der Burlington Northern Railroad in Superior, Wisconsin. Die Ladung Taconite Pellets wurde hier mit Rutschen geladen. An allen anderen Ladestellen erfolgte es über Transportbänder.

Der riesige Laderaum wurde über insgesamt 21 Ladeluken beladen. Die Beladung begann an der hintersten Luke. Nacheinander wurden von hinten nach vorne in jede Luke eine Teilladung Pellets gefüllt. Der Vorgang wurde noch einmal wiederholt. Zuletzt kamen in die hinterste Luke nochmal 1.500 Tonnen. geschüttet, damit das Schiff hinten tiefer liegt und der Propeller tiefer im Wasser ist. So wird vermieden, dass der Propeller Luft zieht, wodurch er einen schlechteren Wirkungsgrad hätte. Bei der Beladung ist es wichtig, das Schiff auf ebenem Kiel zu halten. Daher wurde parallel zu der Beladung Ballastwasser aus den seitlichen Ballasttanks gepumpt. Im Steuerhaus gab es ein rotes, ein grünes und ein weißes Licht. Die Lichter zeigten an, ob das Schiff nach Backbord oder Steuerbord Schlagseite hatte. Lag es gerade, leuchtete das weiße Licht.

Gegen 14.15 Uhr waren 26.116 Tonnen geladen. Zusätzlich wurden 190 Tonnen Brennstoff gebunkert. Die Tiefgänge betrugen vorn 8,3 m und hinten 8,4 m. Während der Beladung gab es keine besonderen Vorfälle. Als die Beladung fertig war, verschloss die Besatzung die riesigen Luken. Um die 16 m breiten und 3,3 m langen und 7 Tonnen schweren Luken bewegen zu können, war ein Kran an Bord.

Der Sturm wird zum Orkan

Im Laufe des Nachmittags klarte es plötzlich auf und der Wind schwächte sich ab. Kapitän Cooper von der ARTHUR M. ANDERSON und Kapitän McSorley von der EDMUND FITZGERALD war der Grund dafür klar. Sie befanden sich im Zentrum des Sturms. Um diesen 20 Seemeilen umfassenden Kreis drehte sich der Sturm. Am Rande des Zentrums ist ein Sturm am heftigsten. Cooper sagte später aus, dass es kein Sturm, sondern ein Hurrikan war. Beide Schiffe befanden sich südlich von Michipicoten Island. Sie liefen in den nordöstlichen und damit genau in den heftigsten Teil des Sturms. Wie erwartet drehte der Sturm gegen den Uhrzeigersinn und die Winde kamen jetzt aus Nordwest. Mittlerweile kam es auf dem gesamten Bereich der Großen Seen zu Sturmschäden.

Die ARTHUR M. ANDERSON und die EDMUND FITZGERALD kämpften sich weiter auf südöstlichen Kurs in Richtung Caribou Island vor. Dabei fiel Cooper auf,

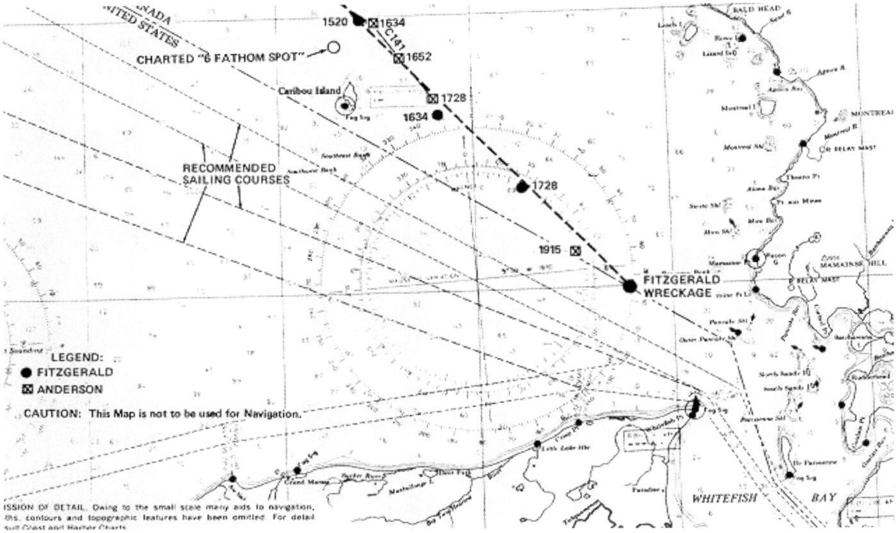

Trackline Edmund Fitzgerald (National Transport and Safety Board)

dass McSorley mit seinem Schiff einer 11 m flachen Untiefe gefährlich nah kam. Gegen 15.00 Uhr setzte dichtes Schneetreiben ein und auf der Arthur M. Anderson konnte keiner mehr die Edmund Fitzgerald ausmachen. Die Sicht fiel bis auf wenige Meter und riesige Wellen brachen über beide Schiffe herein. Sie befand sich um 15.30 Uhr nordöstlich von Caribou Island. McSorley Informierte Cooper darüber, dass auf seinem Schiff ein Teil der Reling beschädigt sei, einige Lüfter abgerissen seien und er Schlagseite habe. Er verringerte die Geschwindigkeit, damit beide Schiffe näher beieinander fuhren. Cooper fragte, ob die Lenzpumpen funktionierten. McSorley bestätigte, dass beide Lenzpumpen liefen. Diese können je 7.900 Liter in der Stunde lenzen. Das würde für nur eine kleine Leckage ausreichend sein. Daher war es merkwürdig, dass McSorley die Geschwindigkeit verringern ließ und somit weniger Kraft hatte, um gegen die Wellen anzukämpfen. Von einer Leckage hat er nicht berichtet.

Vor dem Untersuchungsausschuss der US Coast Guard sagte Cooper später aus, dass McSorley nicht besorgt war oder dass irgendetwas vorgefallen wäre, dass McSorley nicht in den Griff bekommen würde. Natürlich sind Kapitäne vorsichtig mit dem, was sie über Funk mitteilen, da jeder mithören kann und sie nicht möchten, dass sie wegen einem Funkspruch Probleme bekommen. Kurz nachdem die Edmund Fitzgerald die Geschwindigkeit reduziert hatte, wurde der Sturm heftiger. Die Coast Guard rief die Schiffe dazu auf, in Häfen Schutz zu suchen. Für sie und die ARTHUR M. ANDERSON war das keine Alternative, sie waren noch einige Stunden vom nächsten Hafen entfernt und auf sich allein angewiesen.

Um 16.10 Uhr meldete sich McSorley wieder und berichtet, dass beide Radare defekt waren. Er bat Cooper darum, von ihm immer über die Position seines Schiffes informiert zu werden. Das tat Cooper auch. Beide Schiffe hofften, die Whitefish Bay zu erreichen, wo sie vor dem Sturm in Sicherheit waren. McSorley suchte verzweifelt das Leuchtfeuer von Whitefish Point. Gegen 16.30 Uhr begann es dunkel zu werden. Der Wind wehte mit 120 km/h, die Wellen waren 5 m hoch. Das Schiff vereiste zusehends durch die gefrierende Gischt. Verzweifelt versuchte er, Kontakt zu Schiffen in der Nähe aufzunehmen, um etwas über das Leuchtfeuer von Whitefish Point in Erfahrung zu bringen. Er fragte schließlich bei der Coast Guard nach, ob das Leuchtfeuer und die Funkbake in Betrieb seien. Ihm wurde mitgeteilt, dass sie wegen eines Stromausfalles außer Betrieb seien.

Zwischen 17.00 Uhr und 17.30 Uhr sprach McSorley mehrmals mit dem Lotsen des in der Nähe befindlichen schwedischen Frachter AVAFORS. Er teilte ihm mit, dass er beide Radare verloren habe, schwere Seen über das Deck hereinbrechen würden und das Schiff schwere Schlagseite habe. So eine schwere See habe er selten erlebt. Der Lotse bekam noch mit, dass im Hintergrund über Lüfter gesprochen wurde und dass es verboten war, an Deck zu gehen. Er kannte McSorley, hatte seine Stimme aber erst nicht erkannt, da sie angespannt und merkwürdig klang. Die EDMUND FITZGERALD war nun vollständig den Angaben der ARTHUR M. ANDERSON ausgeliefert und noch 35 Seemeilen von Whitefish Bay entfernt. Um 17.15 Uhr teilt die AVAFORS McSorley mit, dass zumindest die Funkbake (Radiosender) von Whitefish Point wieder in Betrieb war.

Um 18.20 Uhr fiel dem Ersten Offizier Clark der ARTHUR M. ANDERSONi m Radar auf, dass die EDMUND FITZGERALD vom Kurs abkam. Clark teilte das McSorley über Funk mit. Dieser gab aber an, den vorgegebenen Kurs weiter zu steuern. Vielleicht war sein Kompass beschädigt. Der Wind tobte mit einer Geschwindigkeit von 60 Knoten. Aus dem Sturm war ein Hurrikan der Kategorie 2 geworden. Die See war aufgewühlt, als hätte jemand einen Mixer hineingehalten.

Plötzlich erschütterte ein Stoß die ARTHUR M. ANDERSON. Eine gigantische Welle hatte das Schiff getroffen. Von achtern schlug die Welle über die hinteren Aufbauten, überflutet das lange Deck und kracht gegen die Rückwand des vorderen Aufbaus und drückte den Bug in die See. Die ARTHUR M. ANDERSON tauchte wieder auf und schüttelte das Wasser ab wie ein taumelnder Boxer. Kurz darauf traf eine zweite, mindestens genau so große Welle das Schiff. Diesmal blieb

Edmund Fitzgerald 1971 © Creative Commons CC-BY-SA 3.0

das Wasser noch länger an Deck und die Arthur M. Anderson brauchte noch länger, um sich wieder hochzukämpfen. Cooper und seine Besatzung machten sich ernsthafte Sorgen um ihre Kollegen auf der angeschlagenen Edmund Fitzgerald, die nur 10 Seemeilen entfernt war und in 10 Minuten von den Wellen erreicht werden würde.

Bis 19.10 Uhr sprach Clark mit McSorley die Kurse und Positionen der Edmund Fitzgerald ab. Auf die Frage nach seinen Problemen antwortet McSorley *„wir schlagen uns durch“*. Es waren nur noch 14 Seemeilen bis Whitefish Bay, in ungefähr 90 Minuten wären sie in Sicherheit.

Vom Radar verschwunden

Cooper blickte ins Radar, dessen Bild durch die hohen Seen und das Schneetreiben gestört war. Um 19.25 Uhr rief er die Edmund Fitzgerald, erhielt aber keine Antwort. In den letzten Stunden herrschte ein dichtes Schneetreiben und es war keine Sicht möglich. Nun setzte das Schneetreiben aus, es klarte auf und auch das Radar zeigte wieder richtig an. Cooper konnte die in der Nähe stehenden Schiffe wieder erkennen, auch die, die weiter entfernt waren, aber nicht die Edmund Fitzgerald. Da von ihr weder mit dem Fernglas noch auf dem Radar etwas zu sehen war, rief Cooper um 19.39 Uhr die Coast Guard. Er wurde gebeten, auf einer anderen Frequenz zurückzurufen, da sie auf der Suche nach einem vermissten Fischerboot waren. Erst um 20.32 Uhr erreichte Cooper die Coast Guard wieder und teilte seine Befürchtung mit, dass der EDMUND FITZGERALD etwas zugestoßen sein könnte. Der Funker der Coast Guard Station Soo Control antwortete, dass er versuchen würde, das Schiff zu erreichen. Nachdem seine Versuche erfolglos waren und Cooper noch zwei weitere Male angerufen hatte, startete die Coast Guard um 21.03 Uhr eine Suchaktion. Es startete zwar ein Rettungsflugzeug und zwei Hubschrauber, aber es war kein Schiff der Coast Guard in der Nähe, dass bei den Wetterverhältnissen hätte nach der EDMUND FITZGERALD suchen können. Der 300 Seemeilen entfernte Coast Guard Tonnenleger WOODRUSH musste zur Hilfe kommen. Die Coast Guard suchte aber verzweifelt weiter nach Schiffen, die helfen konnten und in der Nähe waren.

Meteorologen fiel auf, dass das Gebiet, in dem der Sturm am heftigsten wütete, mit der letzten Position der EDMUND FITZGERALD identisch war. Mittlerweile hatte die ARTHUR M. ANDERSON Schutz in der Bucht von Whitefish Bay gefunden. Erst jetzt wurde der Mannschaft klar, was sie in den letzten Stunden durchgemacht hatten. An Bord herrschten Betroffenheit und Entsetzen.

Da bekam Cooper einen Anruf der Coast Guard. Er wurde gebeten, wieder auszulaufen und nach der EDMUND FITZGERALD zu suchen. Er war erstmal sprachlos, erklärte sich aber dazu bereit, obwohl das Wetter sich keineswegs gebessert hatte. Die Mannschaft war entsetzt, als sie erfuhr, was ihr Kapitän vorhatte. Einer schrieb vor dem Auslaufen sogar sein Testament.

Soo Control bat die in Whitefish Bay liegenden Schiffe – darunter waren auch einige Seeschiffe – um Hilfe. Allein die beiden Erzfrachter WILLIAM CLAY FORD und HILDA MARIANNE liefen zur Suche aus. Die HILDA MARIANNE musste allerdings nach einer halben Stunde die Suche abbrechen, da sie von einigen Riesenwellen getroffen wurde und die weitere Suche zu gefährlich wäre. Um 2.00 Uhr morgens trafen die ARTHUR M. ANDERSON und die WILLIAM CLAY FORD im Suchgebiet um die letzte Position der EDMUND FITZGERALD ein. Eine Stunde später kamen einige Frachter und ein Fischerboot dazu. Die ganze Nacht hindurch suchten Scheinwerfer die dunkle, tobende See ab. Schiffbrüchige könnten in dem eiskalten Wasser nur kurz überleben. Seit dem späten Abend begannen auch die Medien von der Suche zu berichten.

Um 8.00 Uhr morgens fand die ARTHUR M. ANDERSON ein Teil von einem Rettungsboot. Eine Stunde später wurde ein komplettes Rettungsboot gefunden. Am Strand von Ontario wurden 21 Kork Rettungswesten, 8 Ruder, 13 Schwimmtanks der Rettungsboote, 2 Propangaszylinder und 13 Rettungsringe angetrieben. Am Nachmittag des 11. Novembers gab die Coast Guard bekannt, dass fast alle Ret-

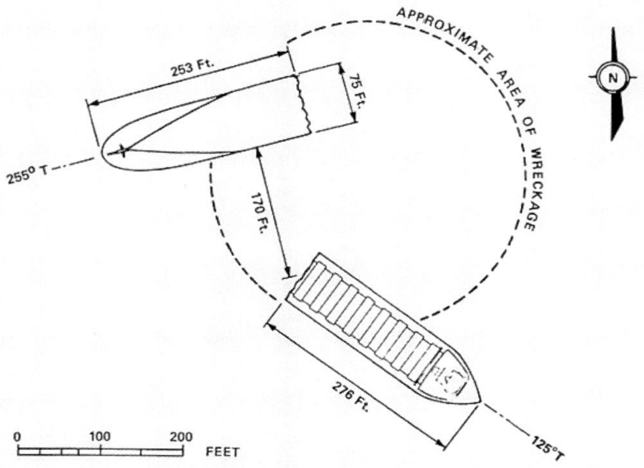

Die Lage des Wracks der Edmund Fitzgerald *(National Transport Safety Board)*

tungsmittel der Edmund Fitzgerald gefunden wurden. Es könnte auch sein, dass keine Überlebenden gefunden würden, falls es der Mannschaft nicht gelungen war, aus dem Schiff zu entkommen.

Am 12. November ortete ein Flugzeug 17 Seemeilen nordwestlich von Whitefish Point unter Wasser ein Objekt, dass das Wrack der Edmund Fitzgerald sein konnte. An den nächsten drei Tagen untersuchte die Woodrush mit einem Sonar das Objekt. Aufgrund des Wetters und der Jahreszeit konnten keine Tauchgänge stattfinden. Um sicher zu sein, dass es sich um das Wrack der Edmund Fitzgerald handelte, musste bis zum Frühjahr gewartet werden.

Am 20. Mai 1976 ließ die Woodrush das U-Boot Curv III ins Wasser. In 163 m Tiefe fand sie das umgedreht auf dem Grund liegende Heck. Der Schriftzug Edmund Fitzgerald war klar zu erkennen und somit die Suche nach der Edmund Fitzgerald beendet. Der 84 m lange vordere Teil lag aufrecht in 52 m Entfernung des Hecks und war bis zur Wasserlinie im Schlick eingegraben. Es war zwischen Luke 8 und 9 abgerissen. Das Schiff war durchgebrochen und das Ende muss für die Besatzung furchtbar gewesen sein. Vor allem für Männer im hinteren Schiffsteil, der wahrscheinlich zuletzt gesunken war. Der vordere Teil könnte von einer Welle recht schnell ins Wasser gedrückt worden sein. Zwischen beiden Wrackteilen waren Trümmer, die zum 61 m langen vollkommen zerstörten Mittelschiff gehörten. Sie waren von Taconite Pellets bedeckt.

Das Schiff ist wahrscheinlich mit dem Bug zuerst schnell gesunken, während des Sinkens durchgebrochen und mit enormer Wucht auf dem Meeresboden aufgeschlagen. Vielleicht ist es auch beim Sinken gekentert. Der vordere Teil war zwar stark beschädigt und die Außenhaut hatte einige Löcher. Es konnten am Wrack aber keine Anzeichen einer Beschädigung festgestellt werden, durch die die Ballasttanks geflutet worden wären. Einige Decksluken fehlten. Es könnte aber sein, dass diese erst während des Sinkens herausgeschleudert wurden. Etwa indem Wasser in den Laderaum eindringen und die Luft so lange komprimieren würde, bis die Luken dem Druck nicht mehr Stand halten können.

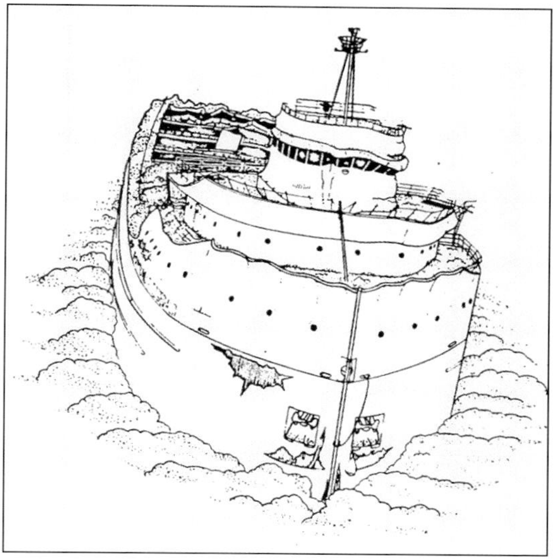

Zeichnung des Wracks der EDMUND FITZGERALD (National Transport Safety Board)

Die Fotos, die die CURV III von Wrack gemacht hatte, gingen um die ganze Welt. Die gespensterhaften Aufnahmen sorgten überall für Entsetzen und für Mitgefühl mit den Opfern des Untergangs und deren Angehörige.

Umstrittener Untersuchungsbericht

Im April 1977 legte der Untersuchungsausschuss seinen Bericht vor. In dem Bericht heißt es über die letzten Minuten der EDMUND FITZGERALD: *„Als der Sturm seinen Höhepunkt erreicht hatte, hatte das Schiff so viel Freibord verloren, dass der Bug in einen Wellenberg eintauchte und nicht wieder hochkam. Innerhalb von Sekunden rutschte die Ladung nach vorne, der Bug schlug auf dem Meeresboden auf. Das Mittelteil brach durch und das nun leere Hinterteil kenterte und traf kopfüber auf das zerstörte Mittelschiff.“* Es wurde also ausgeschlossen, dass das Schiff bereits auf dem Wasser auseinanderbrach.

Kapitän McSorley und seine Mannschaft wurden freigesprochen von Fahrlässigkeit, schlechter Seemannschaft oder gar kriminellem Handeln. Als Ursache für die Schlagseite wurde lokales Versagen des Rumpfes vermutet, aber kein Beweis dafür angegeben. Als Grund für die Beschädigung der Lüfter und der Reling gaben sie drei Erklärungen an: Es könnte bei einer Grundberührung in den Untiefen bei Caribou Island entstanden sein, Treibgut hätte die Teile abreißen können oder schwere Teile, die sich an Bord gelöst haben. Allein die beiden abgerissen Lüfter und die kaputte Reling können nicht die Ursache des Untergangs sein. In dem Bericht wurde nicht erwähnt, dass eine Grundberührung die Ursache für die Schlagseite und das Sinken sein kann. Es wurde erkannt, dass die meistverwendete Seekarte bei Caribou Island ungenau ist und auf alten Messungen beruht. Es wurde daher das Gebiet neu vermessen. Die EDMUND FITZGERALD hatte kein Echolot, es wurde aber aufgrund ihres Unfalls für die Erzfrachter, die auf den Großen Seen fahren – und kurz Laker genannt werden – vorgeschrieben.

Für die größte Diskussion sorgten aber die Angaben in dem Bericht (Report No. USCG 16732/64216), dass schlecht gesicherte Ladeluken zu dem Wassereinbruch und damit auch zu dem Sinken geführt haben. Nach dem Untersuchungsausschuss schlugen die Wellen über das Ladedeck, und durch undichte Luken gelangte das Wasser in den Laderaum. Dadurch tauchte das Schiff immer tiefer ein, wodurch die Wellen noch weiter über das Deck schlugen und noch mehr Wasser eindrang. Ein teuflischer Kreislauf, der so lange weiter ging, bis der Bug in die Wellen eintauchte und nie wieder hochkam. Mangelhaft geschlossene Luken sollen also für das Sinken verantwortlich gewesen sein, denn am Wrack waren an einer Luke die Klemmen offen. Außerdem wurden bereits bei der Besichtigung am 31. Oktober Schäden an den Luken festgestellt. Das Sinken ging so schnell, dass sich niemand aus dem Schiff befreien konnte.

In den Schifffahrtskreisen der Großen Seen wurde das Ende der EDMUND FITZGERALD anders gesehen. Die Lake Carrier Association, die 15 Reedereien vertrat, lehnte den Untersuchungsbericht komplett ab. Ihrer Meinung nach - die auch die Meinung von Kapitän Cooper war – war die EDMUND FITZGERALD gestrandet und dabei leck geschlagen. Dadurch verlor sie immer mehr Auftrieb und wurde von Wellen, die von achtern kamen, überrollt, bis der Bug vollkommen in die See eintauchte und nicht wieder hochkam.

Das National Transportation Safety Board (NTSB) fertigte daraufhin einen eigenen Untersuchungsbericht (NTSB-MAR-78-3) an. Im Gegensatz zu dem Bericht vom Coast Guard Marine Board wurde die Flutung der Laderäume nicht nur durch Leckagen an den Lukendeckeln verursacht, sondern dadurch, dass später ein oder mehrere Lukendeckel von den Seen eingeschlagen wurden. Nur so wäre die schnelle Flutung und das schnelle Sinken zu erklären, dass der Besatzung keine Chance ließ zu entkommen.

Zudem gelangte durch die abgerissenen Lüfter auch Wasser in die Ballasttanks und in einen Tunnel, der das Vorschiff mit dem Hinterschiff verbindet. Der NTSB-Bericht hält eine Strandung als Ursache für unwahrscheinlich. Damit war eines der Mitglieder der Untersuchungskommission nicht einverstanden: Für Philipp Hogue war die Grundberührung die Ursache für das Sinken nach etwa drei bis vier Stunden. Er ergänzte den NTSB-Bericht und vertrat die Meinung von Cooper und vielen Seeleuten. Er war der Meinung, dass McSorley mit wasserdicht geschlossenen Luken die Reise begonnen hatte.

Es gab schon Unfälle mit Lakern

Keiner der beiden Untersuchungsausschüsse stellte einen Konstruktionsfehler fest. Allerdings ist es üblich, dass Laker nur die halbe Längsfestigkeit besitzen wie vergleichbare Seeschiffe. Sie können also im Seegang viel leichter durchbrechen. Diese Bauweise hat sich durchgesetzt, da die Laker kurze Reisen machen und zum Jahresende die Schifffahrt komplett eingestellt wird. Sie geraten selten in sehr schweres Wetter. Aber wenn es der Fall ist, sind sie in großer Gefahr, denn die EDMUND FITZGERALD ist bereits der vierte Laker, der durchgebrochen war. Vier durchgebrochen Schiffe sollten doch ausreichen, um zu erkennen, dass die Vorschriften für die Längsfestigkeit solcher Schiffe überarbeitet werden müssen.

Der 1927 gebaute und 194 m lange Laker CARL D. BRADLEY geriet im November 1958 in einen schweren Sturm mit Windgeschwindigkeiten von bis zu 140 km/h. Sie war auf ihrer letzten Reise des Jahres. Anschließend sollte sie gedockt werden, um überfällige Reparaturen durchzuführen. Die Coast Guard hatte ihr zwar Seetauglichkeit bestätigt, aber der Kapitän und seine Besatzung waren besorgt über den Zustand des Rumpfes. Am 17. November trat die CARL D. BRADLEY in Ballast die Reise von Gary, Indiana, nach Calcite, Michigan, an. Am nächsten Tag wurde der Sturm immer heftiger. Kapitän Roland Byran gab an, nachts um 2.00 Uhr in Calcite anzukommen.

Das Schiff kämpfte sich durch den Sturm und arbeite stark. Um 17.30 Uhr ging plötzlich ein Schlag durch das Schiff. Als Kapitän Bryan aus dem Steuerhaus nach hinten blickte, sah er das Hinterschiff nach unten absacken. Er sah, dass sein Schiff anfing durchzubrechen. Mit einem zweiten Knall riss das Hinterschiff ab und versank. Der Erste Offizier Fleming rief sofort Mayday! Mayday! Mayday! in das Radio. Es folgten Position und der Hinweis, dass sie sich in ernsthaften Schwierigkeiten befänden. Gleichzeitig gab Bryan über die Wechselsprechanlage die Anweisung, Rettungswesten anzulegen. Die Coast Guard Mitarbeiter hörten entsetzt, was Fleming berichtete: *„Wir brechen durch, wir sinken, wir gehen run-*

ter.“ Dann gab Bryan das Kommando zum Verlassen des Schiffes. Mitgehört hat auch der deutsche Frachter CHRISTIAN SARTORI. Es gab noch einen weiteren Schlag. Das Schiff war in der Mitte durchgebrochen, der Strom ging aus. Das Vorschiff kenterte und sank, die Rettungsflösse schwammen auf. Die Besatzung konnte sich nur durch einen Sprung in das eiskalte Wasser retten. Das Heck der CARL D. BRADLEY sank, als mit einem Knall ihre Kessel explodierten und Flammen und Rauch aufstiegen. Während Fleming und drei weitere Besatzungsmitglieder es in ein Rettungsboot schafften, blieb Bryan im Steuerhaus und ging mit seinem Schiff unter. Die CHRISTIAN SARTORI lief mit voller Fahrt zur Untergangsstelle. An Bord hatten sie die Explosion beobachtet. Aufgrund des schweren Seegangs brauchte sie zwei Stunden, bis sie die Stelle erreicht hatte, obwohl sie nur vier Seemeilen entfernt war. Gegen 23.00 Uhr abends trafen zwei weitere Schiffe und Flugzeuge ein, um die CHRISTIAN SARTORI bei der Suche nach Überlebenden zu unterstützen. Die Suche war in der Dunkelheit schwer und obwohl die vier Überlebenden auf dem Rettungsfloss Signalleuchten abbrannten, wurden sie nicht gesehen. Als ein Schiff in unmittelbarer Nähe war, wollten sie ihre letzte Signalleuchte zünden, aber sie versagte. Ihnen stand eine furchtbare Nacht in dem auf den Wellen tanzenden Floß bevor. Einige wurden aus dem Floß geworfen und mussten mühsam wieder versuchen hineinzukommen. In der Nacht starben zwei von ihnen. Nur der Ersten Offizier Fleming und der Wachmann Frank Mays überlebten. Nachdem sie 14 Stunden um ihr Leben gekämpft hatten, wurden sie von dem Coast Guard Schiff SUNDEW gerettet.

Bei dem Untergang kamen 33 Menschen ums Leben, von 18 wurden die Leichen in Rettungswesten treibend gefunden. Als Unglücksursache gab die Coast Guard später eine unentdeckte Schwachstelle in der Schiffsstruktur an. Als die CARL D. BRADLEY sank, war die EDMUND FITZGERALD nur 100 Seemeilen entfernt.

Nur acht Jahre später, im November 1966, geriet der 60 Jahre alte, 178 m lange Laker DANIEL J. MORRELL in einen Sturm. Auch für ihn war die Saison eigentlich abgeschlossen, er sollte nur noch eine extra Reise machen. Das Schiff lief in Ballast von Buffalo, New York, nach Taconite Harbor, Minnesota, als ein schwerer Sturm mit Windgeschwindigkeiten von 70 bis 80 km/h in Böen sogar 115 km/h und Wellenhöhen bis 7,6 m aufkamen. Um 12.15 Uhr berichtete Kapitän Crawley dem in der Nähe fahrenden Laker EDWARD Y. TOWNSEND, dass er vom Kurs abkomme. Der Sturm wurde heftiger, bis auch die DANIEL J. MORRELL durchbricht.

Die gesamte Mannschaft versammelte sich an Deck um ein großes Rettungsfloss. Sie warteten, bis das Schiff so weit untergegangen war, dass das Floß aufschwimmen würde. Während des Wartens krachte eine große Welle über das Deck und spülte alle Männer in das eiskalte Wasser. Nur vier von ihnen gelang es, in das Floß zu kommen. Sie trieben fast zwei Tage in dem aufgewühlten Wasser, bis das Floß am 30. November um 16.00 Uhr von einem Hubschrauber entdeckt wurde. Als dieser näherkam, sahen sie nur vier leblose Körper. Zwischen den Leichen sahen sie plötzlich winkende Hände und einen sich bewegenden Kopf. Dem Wachmann Dennis Hale war es gelungen zu überleben, indem er sich mit der restlichen Körperwärme seiner toten Kollegen wärmte. Er war der einzige Überlebende. Das Schiffsunglück hatte 28 Menschen das Leben gekostet.

In derselben Nacht als die Daniel J. Morrell sank geschah noch ein weiteres Unglück. Die vom Sturm gebeutelte Edward Y. Townsend - das letzte Schiff, das mit ihrem Kontakt hatte, brach ebenfalls langsam auseinander. In Sturm fiel der Besatzung ein 45 cm großer Riss im Deck auf, das Schiff konnte sich noch bis nach Sault Ste. Marie retten können. Als die Coast Guard den Riss sah zog sie sofort die Fahrterlaubnis für das Schiff ein. Das Schiff ging nie wieder in Fahrt. Es brach zwei Jahre später endgültig auseinander, als es über den Atlantik geschleppt wurde, um in Spanien abgewrackt zu werden.

Doch zurück zur Edmund Fitzgerald: Zwei Witwen klagten gegen die Oglebay Norton Company. In der Klage wurde der Reederei vorgeworfen, dass es fahrlässig war, bei den Wetterbedingungen ein Schiff mit dieser Ausrüstung auslaufen zu lassen. Über den Ausgang der Klage ist leider nichts bekannt. Damit waren die offiziellen Untersuchungen abgeschlossen. 1980 begannen mit einem Tauchgang des Tiefseeforschers Jaques Cousteau private Untersuchungen am Wrack. Sein Team stellte fest, dass der vordere Schiffsteil stark verbeult war. Cousteau ging davon aus, dass das vordere Teil während des Sinkens mit dem hinteren Teil kollidiert war. Seiner Meinung nach war die Edmund Fitzgerald bereits auseinandergebrochen, bevor sie sank. Eine andere Tauchexpedition stellte 1989 fest, dass die Backbordtür vom Steuerhaus nicht verriegelt war und offenstand. Gelang es vielleicht doch jemanden aus dem Steuerhaus zu entkommen?

Edmund Fitzgerald wird zur Legende an den Großen Seen

Der Gründer des Great Lake Shipwreck Museum, Tom Farnquist, ließ 1995 unter großer Teilnahme von Medien die Glocke bergen und in seinem Museum ausstellen. Damit begann eine kommerzielle Ausschlachtung des Unglücks und es wurden viele Souvenirs mit Edmund Fitzgerald-Aufdruck verkauft und

Videos und Dokumentationen gedreht. Über die zahlreichen Tauchgänge beschwerten sich die Angehörigen der Opfer. Schließlich wurde das Wrack der Edmund Fitzgerald zur Gedenkstätte erklärt. Das Betreten des Wracks ist verboten und wird mit einer Strafe von 1 Millionen $ geahndet.

Dies änderte aber nichts daran, dass die Edmund Fitzgerald zur Legende wurde. Mit dazu beigetragen haben auch zwei Lieder. Direkt nach dem Untergang schrieb Charlie Frederick seine Country Western Ballade „Twenty Nine More Men". Es wurde ein Hit im amerikanischen mittleren Westen. Der kanadische Folksänger Gordon Lightfoot schaffte es, die Edmund Fitzgerald weltweit bekannt zu machen: Zwei Monate nach dem Untergang schrieb er die Folk Ballade „The Wreck of the Edmund Fitzgerald".

Im Vergleich zur Cyclops war die Edmund Fitzgerald für den Transport von Erz gebaut. Eine Ansicht des sehr langen Schiffes lässt direkt erkennen, dass das Schiff durchbrechen würde, wenn es sich mit dem Bug und Heck gleichzeitig auf einem Wellenberg befindet. Aber das Schiff war auch nicht für starken Seegang gebaut, deswegen ist ihm dieser zum Verhängnis geworden. Mit der Cyclops hat sie gemeinsam, dass die Erzladung übergegangen sein kann, was das Schiff zum Kentern gebracht haben könnte.

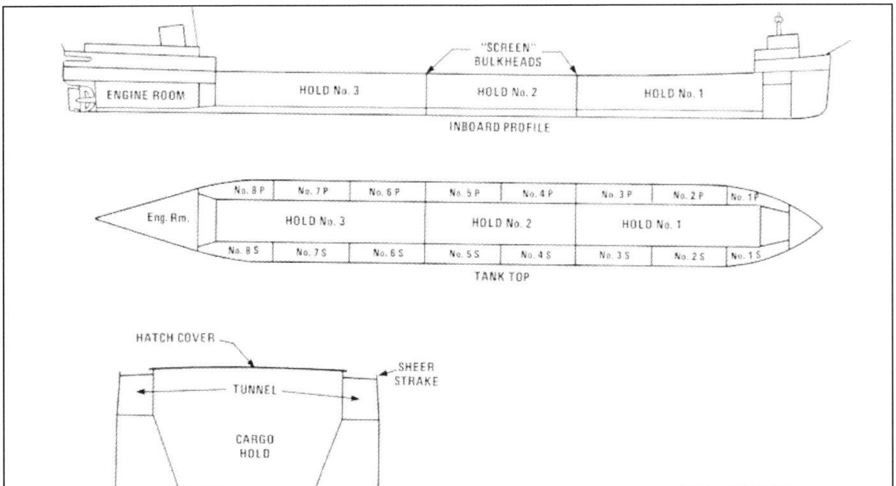

Übersichtszeichnung der Edmund Fitzgerald (National Transport Safety Board)

Melanie Schulte

In den 1950er Jahren begann ein schnelles Wachstum der deutschen Wirtschaft, was zu einem stark steigenden Rohstoffbedarf führte. Der Emder Hafen spielte dabei eine wichtige Rolle, denn über ihn wurde das Erz importiert, das von der Montanindustrie im Ruhrgebiet benötigt wurde.

Die Emder Nordseewerke hatten schon vor dem Zweiten Weltkrieg Erzfrachter gebaut. Nachdem die Schiffbaubeschränkungen von den Alliierten im April 1951 aufgehoben wurden, konnte die Werft wieder ohne Beschränkungen Schiffe bauen. Da Deutschland durch den Krieg fast seine gesamte Handelsflotte verloren hatte, galt es Schiffstypen zu entwerfen, die möglichst vielseitig eingesetzt werden konnten.

So entstand die Emden-Klasse der Nordseewerke, eine Serie von Stückgutfrachtern, die universell einsetzbar waren. Von den Reedereien wurden diese Schiffe sehr geschätzt, daher konnte die Werft bis 1957 20 Stück von ihnen verkaufen.

Das achte Schiff aus der Baureihe wurde von der Emder Reederei Schulte & Bruns bestellt. Bei ihrem Stapellauf am 8. September 1952 blieb das Schiff auf der Ablaufbahn hängen und konnte erst neun Stunden später komplett aufschwimmen. Abergläubische Menschen könnten darin ein böses Omen sehen. Nachdem das Schiff verschollen war, hatte die Presse mit dem missglückten Stapellauf ein beliebtes Thema.

Im November machte das auf den Namen Melanie Schulte getaufte Schiff seine erste Fahrt in Ballast von Emden nach Quebec in Kanada, wo es am 22. November eintraf. Bereits auf ihrer Jungfernfahrt herrschten schon in der Emsmündung eine starke Dünung und Windstärke 6 bis 7. Dabei lag die Melanie Schulte nach einem Bericht von Kapitän Rohde sehr weich in der See und machte gute Fahrt. Wegen des starken Seegangs konnte der Lotse erst im niederländischen Ymuiden abgesetzt werden. Während der Fahrt über den Atlantik war das Wetter sehr gut. Es verschlechterte sich erst wieder bei Neufundland, wo Ostwind der Stärke 9 aufkam. Dazu kam eine sehr hohe, querlaufende Düngung, in der sich das Schiff wieder sehr gut verhielt. Auch mit der Technik des Schiffes war der Kapitän sehr zufrieden. Er gab an, nur einige kleine Nietleckagen beheben zu müssen.

In Quebec lud das Schiff Getreide und lief am 27. November aus. In seinem Heimathafen Hamburg kam es am 10. Dezember an. Auf dieser Reise zeigten sich wiederum einige für Neubauten typische kleine Nietleckagen, die sofort als Garantiearbeiten behoben wurden. Bei den Schwesterschiffen kam es auf den ersten Reisen zu Spannungsrissen, die MELANIE SCHULTE blieb davon verschont.

Drei Tage später lief sie in Ballast von Hamburg nach Narvik aus. Dort lud sie aus den Waggons der Erzbahn, die Kiruna mit Narvik verbindet, insgesamt 9.307 Tonnen Eisenerz. Dies wurde wie folgt auf die fünf Laderäume verteilt:

Laderaum I:	leer
Laderaum II:	2.900 Tonnen
Laderaum III:	3.000 Tonnen
Laderaum IV:	2.400 Tonnen
Laderaum V:	1.000 Tonnen

Am 17. Dezember 1952 verließ die MELANIE SCHULTE Narvik. Ihr Zielhafen war der amerikanische Hafen Mobile am Golf von Mexiko. Die Route dorthin konnte Kapitän Rohde frei wählen. Zwei Tage nach Reisebeginn teilte Kapitän Rohde der Reederei per Funk mit, dass er die Nordroute zwischen Großbritannien und Irland nehmen möchte. Dabei erwähnte er auch, dass sich das Schiff mit der Erzladung gut in der See verhält und er keinerlei Sorgen damit hatte. Am 21. Dezember gab das Schiff eine Positionsmeldung (58*22‘ Nord und 9*33‘ West) an die Reederei. An diesem Tag war das Schiff bis kurz vor 23.00 Uhr in Kontakt mit Norddeich Radio. Zwischen 9.00 Uhr und 23.00 Uhr war an Bord Funkwa-

MELANIE SCHULTE © Archiv Reederei Schulte & Bruns / Freunde der Seefahrt Emden

che vorgeschrieben. Gegen Ende seiner Wache fragte der Funker Balzersen bei Norddeich Radio nach, ob dort eine Meldung für ihn vorläge. Dies war nicht der Fall, deswegen konnte er seine Wache beenden. Am nächsten Morgen gab er nicht wie gewohnt seine Positionsmeldung an Norddeich Radio. Auch bei der Reederei meldete er sich nicht, obwohl das Schiff durch einen Sammelanruf gerufen wurde. Denn in der vergangenen Nacht war bei der Reederei ein Telegramm für die MELANIE SCHULTE eingegangen. Durch einen Sammelanruf gab die Reederei die Rufnummern der Schiffe durch, für die ein Telegramm vorliegt. Der Funker Balzersen galt als sehr gewissenhaft und hatte bisher immer alle Sammelanrufe abgehört. Daher ging Schulte & Bruns davon aus, dass dem Schiff in der Nacht vom 21. auf den 22. Dezember zwischen 23.00 Uhr und 9.00 Uhr etwas zugestossen sein müsste, das es dem Funker unmöglich machte, sich zu melden. Von der MELANIE SCHULTE wurde nie wieder etwas gehört.

Norddeich Radio hatte daraufhin direkt eine Suchaktion eingeleitet, indem es alle im Nordatlantik verkehrende Schiffe darüber informierte, dass die MELANIE SCHULTE gesucht würde. Es dauerte noch einen Monat, bis auf den Äußeren Hebriden zerbrochene Planken und Teile von Ladeluken antrieben. Die Teile wurden von der Werft später als eindeutig zur MELANIE SCHULTE gehörend identifiziert. Ein Rettungsring der MELANIE SCHULTE wurde am 17. Februar an der Westküste von Benbecula Island (Äußere Hebriden) gefunden.

Die Verteilung der Ladung lag einzig und allein in Verantwortung von Kapitän Rohde. Aus welchen Gründen er diese im Nachhinein gesehen ungünstige Ladungsverteilung wählte, wird immer unklar bleiben. Er galt als erfahrener Kapitän. Es gab in einem Ladungshandbuch eine unklare Korrektr, die er vielleicht die falsch interpretiert hatte? Es bleibt aber auch die Frage, warum niemand von dem Verlader ihn auf die ungünstige Ladungsverteilung angesprochen hatte. Oder war die Ladungsverteilung gar nicht so untypisch und in Narvik wurden Schiffe häufiger so beladen, mit dem Unterschied dass sie ihre Reise ohne Zwischenfälle beendet haben? Jedenfalls empfahl die Zeitschrift *Hansa* 1943 für Beladung in Erzfahrt folgende Verteilung:

Laderaum I: 17%

Laderaum II: 29%

Laderaum III: 19%

Laderaum IV: 22 %

Laderaum V: 13%

Nach dieser Empfehlung wäre die Ladung über die gesamte Schiffslänge verteilt.

Melanie Schulte vor dem Stapellauf © Archiv der Nordseewerke / Freunde der Seefahrt Emden

Die Seeamtsuntersuchung ergab, dass das Schiff nach den Vorschriften der Klassifikationsgesellschaft (TÜV für Schiffe) Germanischen Lloyd und in sehr guter Qualität gebaut war. Zudem hatte sie modernste Funkausstattung an Bord. Während des Stapellaufes blieb das Schiff stehen Der misslungene Stapellauf trug zwar zum Mythos der Melanie Schulte bei, hat aber mit deren Verschwinden nichts zu tun. Die Ursache dieses Zwischenfalls war die nicht ausreichende Schmierung der Ablaufbahn. Das Schiff ging somit nicht wie geplant mittags, sondern erst abends zu Wasser. Eine Untersuchung zeigte, dass das Schiff, als es hängenblieb, nur mit 10% der im Seegang üblichen Belastung beansprucht war. Am Rumpf wurden keine Schäden festgestellt.

Da das Schiff wenige Jahre nach Ende des Zweiten Weltkrieges verschollen war, wurde auch vermutet, ob es auf eine Mine gelaufen sein könnte. Dabei wären aber sicher mehr Wrackteile gefunden worden. Außerdem wäre es nicht so schnell gesunken, dass nicht noch ein Notruf hätte abgesetzt werden können. Die letzte Position der Melanie Schulte war auch weit entfernt von ehemals vermintem Gebiet. Die gefundenen Wrackteile wie die Trennwand des Funkraums und der Lukendeckel lassen darauf schließen, dass eine Luke und das Deckshaus zerstört wurden. Der Lukendeckel ist gebrochen und nicht zersplittert. Beides spricht auch gegen eine Minenexplosion, die vor allem den Rumpf beschädigt hätte und nicht die Aufbauten.

Um die Beanspruchung des Schiffes mit der Ladungsverteilung zu untersuchen, wurden Berechnungen durchgeführt. Diese ergaben, dass die Druckbeanspruchung in der Mitte des Schiffes über den zulässigen Werten des Germanischen Lloyds lagen. Das Schiff könnte daher, wenn es mit dem Bug und Heck gleichzeitig auf einem Wellenberg war in der Mitte durchgebrochen und sehr schnell gesunken sein. Dies würde erklären, warum kein Notruf gesendet wurde.

Es gab auch Vermutungen, dass die Ladung durch Wasser aufgequollen sei und den Rumpf auseinandergedrückt hätte. Dies kann aber nicht der Fall sein, da die Erzladung aus trockenen 10 cm großen Klumpen bestand, die ihr Volumen nicht verändern. Zudem wäre das Schiff auch in diesem Fall nicht so schnell gesunken, dass die Besatzung keinen Notruf hätte funken können.

Das Seeamt verkündete im April 1953 folgenden Spruch:

„Die Ursache des Unfalls ist nicht ermittelt, weil Augenzeugen der Katastrophe nicht vorhanden sind.

Hierüber sind nur Vermutungen, jedoch keine bestimmten Feststellungen möglich. Wahrscheinlich hat das Zusammentreffen einer ungünstigen Verteilung der Ladung

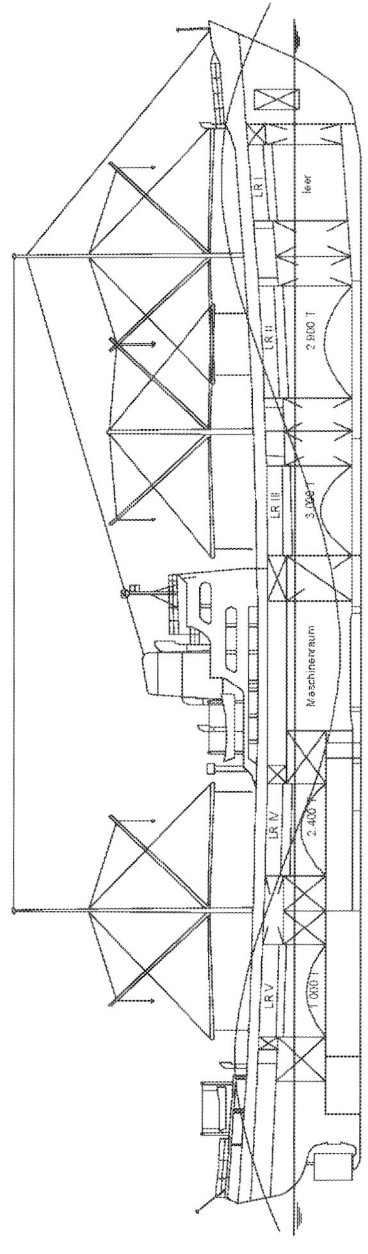

Ladungsplan der MELANIE SCHULTE *© Jens Bald*

im Schiff mit einer ungewöhnlichen Schlechtwetterlage, einschließlich Windsee und Dünung und den hierdurch bedingten Resonanzen der Schiffseigenperioden mit der Seegangsperiode zu einer derart hohen Druckbeanspruchung im Schiff geführt, dass ein so schnelles Zusammenbrechen des Schiffes erfolgt ist, dass auch zur Abgabe eines Funkspruches keine Möglichkeit mehr bestand.

Die Untersuchung hat ergeben, dass das Schiff hinsichtlich Bauart, Einrichtung, Ausrüstung, Beschaffenheit und Bemannung den heute gültigen Bestimmungen entsprach."

Bei der MELANIE SCHULTE ist der Untergang höchstwahrscheinlich auf eine unsachgemäße Beladung zurückzuführen. Bei der CYCLOPS wissen wir jedoch, dass die Ladung richtig verteilt wurde. Die MELANIE SCHULTE ist wie die CYCLOPS nicht direkt für den Transport von Erz gebaut worden. Sie sollte möglichst viele unterschiedliche Güter transportieren können. Das ist mit ein Grund für ihren Untergang.

Zusammenfassung

Bei genauer Betrachtung entpuppt sich das Bermudadreieck als wenig rätselhaft. Der Begriff wurde von ehrgeizigen Journalisten geprägt, denen eine schnelle Schlagzeile wichtiger war als gründliche Recherche und Fakten. Andere Seegebiete sind nicht weniger navigatorisch anspruchsvoll. Während die meisten Schiffsunglücke im Bermudadreieck wenig mysteriös sind, ist das Verschwinden von Flugzeugen dort eher rätselhaft. Selten auftretende physikalische Phänomene machen es für unerfahrene Piloten schwer, dort zu navigieren. Wenn dann noch technische Störungen am Flugzeug hinzukommen, kann es zu einer schwer zu beherrschenden Situationen kommen.

Mit genügend Information stellen sich die meisten angeblichen Rätsel als erklärbares Ereignis heraus. Rätselhaft bleiben die Fälle, in denen nicht genügend Informationen gefunden werden konnten, wobei in mehreren Fällen auch falsche Informationen veröffentlicht wurden. Wenn man die Unglücksorte genau betrachtet, stellt man fest, dass das Bermudadreieck keine besonders rätselhafte Gegend ist. Viele Fälle werden dem Bermudadreieck zugeschrieben, obwohl gar nicht klar ist, wo das Schiff oder Flugzeug verloren gegangen ist. Einige Ereignisse waren nicht rätselhaft, als sie geschehen sind, sondern wurden dies erst, als Jahrzehnte später Journalisten sich damit beschäftigten und nicht genügend Informationen fanden. In der Legende wird das Wetter oft als gut bezeichnet, obwohl es das nicht war. Oftmals fanden die Unfälle nachmittags statt, sodass oft erst abends mit der Suche begonnen werden konnte, und der Erfolg durch den Einbruch der Nacht behindert wurde. Auch wird oft behauptet, dass keine Wrackteile gefunden wurden, obwohl es anders war. Viele Autoren stellten keine eigenen Nachforschungen an, sondern schrieben nur von anderen ab, wodurch sich Fehler einschlichen (Prinzip Stille Post). Einige Autoren hielten Material, das zur Lösung beigetragen hätte, absichtlich zurück. Große Methangasvorkommen in dem genannten Seegebiet werden auch häufig als mögliche Erklärung für das Verschwinden von Schiffen herangezogen. Theoretisch ist es möglich, dass ein Schiff durch eine aufsteigende Gasblase versenkt wird. Es gibt jedoch kein Schiff, bei dem dies als Unfallursache angenommen werden kann.

Die US Coast Guard wird wahrscheinlich mit Anfragen zum Bermudadreieck überflutet. Daher hat das Hauptquartier der US Coast Guard folgende Fakten zum Bermudadreieck als Stellungnahme herausgegeben:

„Das Bermudadreieck oder auch Teufelsdreieck ist ein imaginäres Gebiet an der südöstlichen Atlantikküste der USA, das bekannt ist für viele Vorfälle und unerklärliche Verluste von Schiffen, kleinen Booten und Flugzeugen. Als die Spitzen des Dreiecks werden Bermuda, Miami (Florida) und San Juan (Puerto Rico) angenommen.

In der Vergangenheit hat die Coast Guard ausführliche, aber zwecklose Such- und Rettungsaktionen durchgeführt. Zum Beispiel wurde eine nach einem ganzen Geschwader von TBM Avangers gesucht, die kurz, nachdem sie von Fort Lauderdale (Florida) gestartet waren, verschwanden. Solche vergeblichen Suchen wie auch das spurlose Verschwinden des Tankers Marine Sulpher Queen *in der Straße von Florida haben in der Öffentlichkeit zu einem Glauben daran geführt, dass in dem Bermudadreieck übernatürliche Kräfte am Werk sind.*

Unzählige Theorien versuchten über Jahrzehnte die vielen Verschwinden aufzuklären. Die meisten Theorien beinhalten Umwelteinflüsse oder nennen menschliches Fehlverhalten als Ursache. Die meisten Verluste können den einzigartigen natürlichen Phänomenen des Seegebietes zugerechnet werden.

Zum einen ist das Teufelsdreieck eins der beiden Gebiete weltweit, in denen der Magnetkompass den geographischen Nordpol anzeigt. Normalerweise zeigt ein Kompass den magnetischen Nordpol an. Diese Differenz wird Kompass Abweichung genannt. Wenn das bei der Navigation nicht berücksichtigt wird oder der Navigator es nicht erkennt, könnte er weit vom Kurs abkommen und in Gefahr geraten. In einem Gebiet, das von japanischen und philipinischen Seeleuten Teufelsmeer genannt wird und an der japanischen Ostküste liegt, zeigt der Kompass auch den geographischen Nordpol an. Dort verschwinden auch auffallend viele Schiffe und Flugzeuge.

Ein anderer wesentlicher Umwelteinfluss ist der Golfstrom. Er ist besonders schnell und turbulent und kann daher zu Unglücken führen. Die unberechenbaren Wetterverhältnisse in der Karibik kommen erschwerend hinzu. Gewitterstürme und Wasserhosen, die plötzlich lokal auftreten, können für Piloten und Seeleute zum Disaster werden. Zuletzt spielt auch die Topographie des Meeresbodens eine Rolle. Denn in Verbindung mit den starken Strömungen und den zahlreichen Riffen ändern sich die Strömungen ständig. Dies führt zu immer neuen navigatorischen Herausforderungen.

Der menschliche Faktor darf nicht unterschätzt werden. Eine große Anzahl von Yachten und Booten befahren die Gewässer zwischen Floridas Goldküste und den Bahamas. Allzu oft werden große Strecken mit viel zu kleinen Booten zurückgelegt, hinzu kommt unzureichende Kenntnis des Seegebietes und schlechte Seemannschaft.

Zusammenfassend ist die Coast Guard nicht beeindruckt von den übernatürlichen Phänomenen, die viele Unglücke erklären sollen. Es ist unsere Erfahrung, dass viele mal im Jahr die Kombination von verschiedenen Naturgewalten und unvorhersehbaren Ereignissen die weit hergeholtesten Science-Fiction übertrifft".

Die politischen Spannungen, die es weltweit vor dem Ersten Weltkrieg global gab, spiegeln sich auch an Bord der CYCLOPS wider. Da die USA ein Einwanderungsland sind, hatten deren Besatzungsmitglieder ihre Wurzeln in vielen Ländern. Die Mannschaft war daher mit Eintritt der USA in den Ersten Weltkrieg tief gespalten. Es ist aber sehr unwahrscheinlich, dass Kapitän Worley mit prodeutschen Besatzungsmitgliedern versuchen wollte, das Schiff nach Deutschland zu bringen. Die vielen Unwägbarkeiten führten dazu, dass das Unglück häufig in Verbindung mit dem Bermudadreieck gebracht wird.

Wer die bekannten Fakten zur CYCLOPS untersucht, kommt zu dem Schluss, dass nur wenige Möglichkeiten für das Schicksal des Schiffes infrage kommen. Die Ladung war auf der ganzen Schiffslänge richtig verteilt. Ein 37-seitiger Bericht der US-Navy bestätigt den guten Zustand der CYCLOPS. Das Schiff hat sich jahrelang bewährt und ein Konstruktionsfehler wäre im Betrieb aufgefallen. Daher ist es sehr unwahrscheinlich, dass das Schiff wie die MELANIE SCHULTE auseinandergebrochen ist.

Vergleichbarer ist wohl das Ende der CYCLOPS mit dem Ende der EDMUND FITZGERALD, die Schlagseite bekommen hatte, bevor sie gesunken ist. Das Schicksal der CYCLOPS lässt sich schwer aufklären, da sich Wetterprognosen hier nur insofern heranziehen lassen, als dass man die Position des Schiffes nach dessen Geschwindigkeit und der Strömungsverhältnisse nachverfolgt (koppelt). Zudem betrafen die damaligen Wettervorhersagen sehr große Gebiete und das Schiff durchfuhr ein Seegebiet, indem das Wetter sehr schnell umschlagen kann.

Wahrscheinlich ist die CYCLOPS in so schweren Seegang geraten, dass sie stark ins Rollen gekommen ist. Der Seegang muss so stark gewesen sein, dass trotz des niedrigen Schwerpunktes des Schiffes ein Rollwinkel entstand, der über dem Übergangswinkel von Manganerz liegt. Die Ladung wäre dann übergegangen und die Deckseite eingetaucht. Wenn die Deckseite eingetaucht ist, kann über offene Luken und Lüfter Wasser ins Schiff gelangen und schnell zum Kentern führen. Andere Ursachen halte ich für unwahrscheinlich, aber ähnlich wie bei der EDMUND FITZGERALD kann man erst sicher sein, wenn das Wrack gefunden ist. Die Kosten für eine Wracksuche sind immens. Vor allem, da die Position ihres Unterganges unbekannt ist. Zumindest ist heute sicher zu sagen, dass das Schiff untergegangen ist, da es niemand mehr gesehen hat. Das Ende des Schiffes wird deshalb für immer ein Rätsel sein, es sei denn, es findet sich ein sehr gut betuchter Sponsor, der eine Wracksuche finanziert und bei der Suche sehr viel Glück hat.

Quellen

- Elle Andra- Warner: „Edmund Fitzgerald the Legendary Great Lakes Shipwreck“, Ontario, River Rock Publishing, 2006
- Dirk Bönker: „Militarism in a Global Age – Naval Ambitions in Germany and the United States before the First World War” Ithaca/London, Cornell University Press, 2012
- Marvin W. Barrash: „USS Cyclops”, Berwyn Heights, Maryland, Heritage Books, 2010
- Marvin W. Barrash: „USS Cyclops Volume 2”, Berwyn Heights, Maryland, Heritage Books, 2021
- Marvin W. Barrash: „Murder on the Abarenda”, Berwyn Heights, Maryland, Heritage Books, 2019
- Manfred Berg: „Woodrow Wilson – Amerika und die Neuordnung der Welt“, München, C. H.Beck, 2017
- John Harris: „Auf letzter Fahrt“, München, Knaur Verlag, 1990
- Wayne Madsen: „The Betrayal of the Scorpion and Poet”, Washington, Wayne Madsen Report, 2014
- Lawrence David Kusche: „Die Rätsel des Bermudadreiecks sind gelöst“, Greven, Pölking Verlag, 1978
- Thomas E. Moorhead: „The Wreck of the Edmund Fitzgerald“, Bloomington, Indiana, iUniverse, 2011
- Gian J. Quasar: “A passage to Oblivion” Broodwyn, Moore & Doane, 2014
- Gian J. Quasar: “Into the Bermuda Triangle”, Camden, Maine, International Marine/Mc Graw Hill, 2005
- Colin Simpson: „Die Lusitania“, Frankfurt, S. Fischer Verlag, 1973
- Alan Viliers: „Verschollen auf See“, Bielefeld, Delius Klasing Verlag, 1965
- Seeamt Hamburg: „Seeamtsprotokoll Melanie Schulte“, Hamburg, 1953
- United States Coast Guard: Marine Casualty Report „SS Edmund Fitzgerald; Sinking in Lake Superior on 10. November 1975 with Loss of Life” Report No. USCG 16732/64216
- National Transportation and Safety Boards Marine Accident Report „SS Edmund Fitzgerald Sinking in Lake Superior” (NTSB-MAR-78-03)

Danksagungen

Bücher schreiben und verlegen ist Teamarbeit.
In meinem Team waren

- Geli Maaß
- Ulrich Flieger
- Nils Bald
- Laura Lablack und
- Andreas Westphalen.

Bei ihnen möchte ich mich für ihre Arbeit bedanken.

Mein Dank gilt auch dem Verein Freunde der Seefahrt in Emden. Ihre hervorragende Ausstellung „Melanie Schulte – Schiff, Unglück, Mythos“, die 2023 im Ostfriesischen Landesmuseum in Emden zu sehen war, hat mich beim Schreiben über das Schicksal der Melanie Schulte inspiriert.

Einst hatten sich auf einem Sandhaufen
im rauen Meer
ein paar Fischer angesiedelt,
die dann einige Jahrhunderte später
auf Walfang gingen.

Als es keine Wale mehr zu fangen gab,
boten sie gestressten Festländern
eine Unterkunft an.

In der Zwischenzeit ist aus dem Sandhaufen
eine einzigartige Insel geworden – Borkum.

Wenn Ihnen dieser Text zu kurz ist,
dann lesen Sie doch dieses Buch.

Feuerschiff Borkumriff

Gregor Ulsamer

BORKUM, DER ELECTRISCHE LEUCHTTHURM u. MARCONI-STATION

Format 148 x 210
246 Seiten – Hardcover
220 Abbildungen, davon 30 in Farbe
21,80 €
ISBN 978-3-00-056887-9

Borkum – Festung im Meer

Volker Apfeld

Format 20,5 x 15,5 cm
160 Seiten – Hardcover
141 Abbildungen davon 32 in Farbe
Verkaufspreis: 19,90 €
ISBN 978-3-00-058751-1

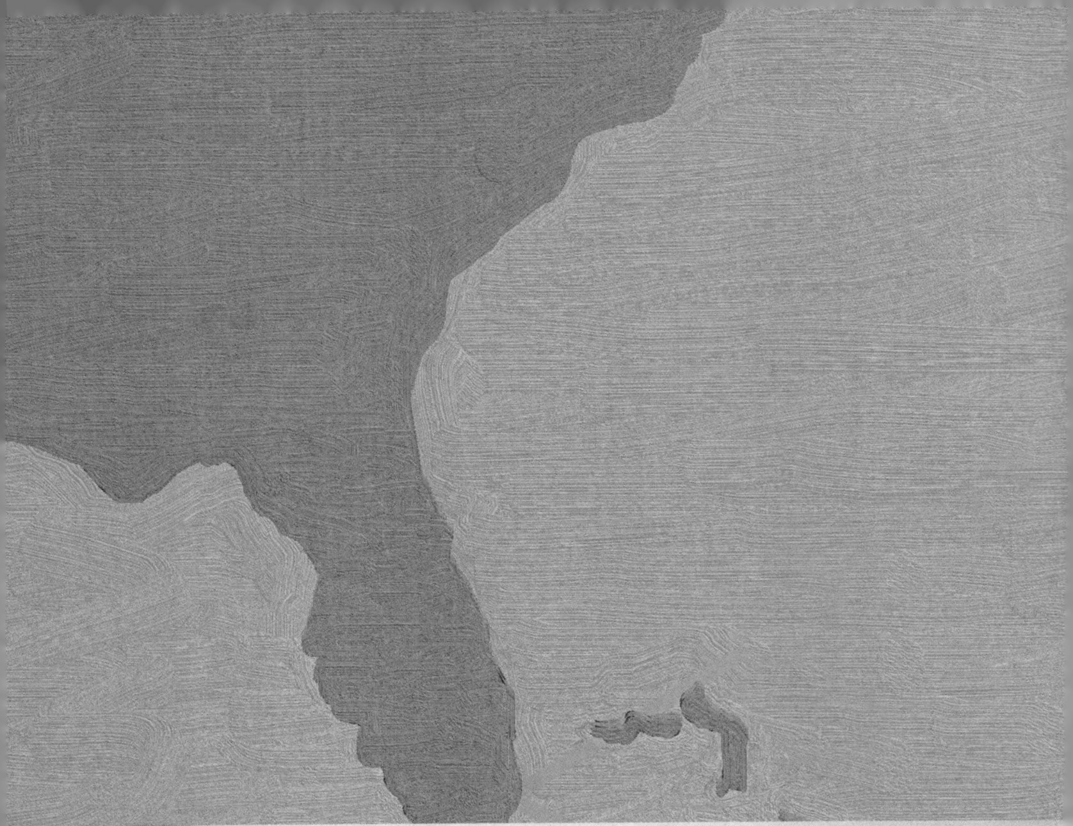